Reinhold Schneider
Das Attentat

Reinhold Schneider

Das Attentat

und weitere Erzählungen

Herausgegeben, zusammengestellt
und mit einem Vorwort versehen
von Carsten Peter Thiede,
Präsident der Reinhold-Schneider-Gesellschaft e.V.

Brunnen Verlag · Basel und Gießen

Bibliografische Information Der Deutschen Bibliothek
Die Deutsche Bibliothek verzeichnet die Publikation in der Deutschen Nationalbibliografie; detaillierte bibliografische Daten sind im Internet über http://dnb.ddb.de abrufbar.

Sämtliche Texte erscheinen mit der freundlichen Genehmigung des Suhrkamp- und Insel-Verlags und basieren auf den «Gesammelten Werken» Reinhold Schneiders, veröffentlicht 1979 beim Insel Verlag Frankfurt am Main. Dabei wurden die Texte aus Authentizitätsgründen ganz bewusst in der früheren deutschen Rechtschreibung belassen.

Umschlag: Michael Basler, D-Lörrach
Foto Cover: Corbis, D-Düsseldorf
Fotos R. Schneider: Badische Landes-Bibliothek
Satz: Bertschi & Messmer AG, Basel
Druck: Bercker, D-Kevelaer
Printed in Germany

ISBN 3-7655-1835-2

Reinhold Schneider

Inhalt

Vorwort

«Aber ich schlug an einem Weihnachtsabend in Potsdam die Heilige Schrift auf – ich hatte sie mir als Knabe in Luthers Übersetzung gekauft – und floh nach wenigen Kapiteln auf die kalte dunkle Straße. Denn es war ja klar: Unter diesem Anspruch der Wahrheit kehrt sich das Leben um. Dieses Buch kann man nicht lesen ... Man kann es nur tun. Es ist kein Buch. Es ist Lebensmacht. Und es ist unmöglich, auch nur eine Zeile zu begreifen, ohne den Entschluss, sie zu vollziehen. Darauf beruht ja die härteste Unmöglichkeit menschlicher Verständigung, daß den Glauben nur versteht, wer glaubt – daß wir erst glauben lernen, wenn wir beten, und doch nur beten können, wenn wir glauben. Christus hat nicht geschrieben und nicht zu schreiben befohlen. Er hat nicht ‹gedacht›. Er hat gelebt; er ist lebendes Wort. Und auch heute redet das Buch nur, weil er lebt und weil wir im Lichte des über die Welt gesandten Geistes das Licht sehn.»
(Reinhold Schneider, «Verhüllter Tag»)

«In der Geschichte leben: das heißt, daß wir die Zeichen der Zeit (Matthäus 16,4) erkennen, uns an ihren Forderungen bewähren und uns richten sollen im Wissen von Jesus Christus und Seiner Gegenwart – auf daß wir nicht von Ihm gerichtet werden am

Ende. Daß Er aus den Völkern Sein Volk sammelt: diejenigen, in denen Er lebt, ist der Sinn der Geschichte.»
(Reinhold Schneider, «Geschichte und Gewissen»)

Die erste Zeile eines Gedichts hat Reinhold Schneider bis heute unvergesslich gemacht: «Allein den Betern kann es noch gelingen». Es ist der Anfang eines Sonetts, das der Dreiunddreißigjährige 1936 schrieb, als sich das Krebsgeschwür des Nationalsozialismus längst in allen Fasern der deutschen Gesellschaft verbreitet hatte. Millionenfach wurde es abgeschrieben und verbreitet, in den Kirchen wurde es ebenso gelesen wie in den Konzentrationslagern. War es Trost, war es Widerstand, war es der Realismus, mit dem ein mutiger Christ dem Zeitgeist ein Glaubensbekenntnis entgegenhielt? Eines war es mit Sicherheit: der Aufruf, nicht schweigend zuzusehen, wie Gottlosigkeit den Staat und das Volk zersetzt, sondern zu den Wurzeln zurückzukehren – zu Gott selbst.

Das klassische Sonett ist nicht die modernste, beliebteste Gedichtform – sie war es schon zu Schneiders Zeiten nicht. Gerade deswegen wählte er sie. Ihm ging es nicht um die literarische Avantgarde. Seine Dichtung war, wie er selbst es nannte, «literarischer Sanitätsdienst». Und so blieben die besten seiner Sonette das, was auch die besten seiner Erzählungen sind: Meisterstücke der Dichtung, kunstvoll in ihrer äußerlichen Bescheidenheit, zeitlos gültig in ihrer Wirkung. Der stillen Kraft des Gedichts über die Beter kann man sich auch heute kaum entziehen:

Allein den Betern

Allein den Betern kann es noch gelingen,
Das Schwert ob unsern Häuptern aufzuhalten
Und diese Welt den richtenden Gewalten
Durch ein geheiligt Leben abzuringen.

Denn Täter werden nie den Himmel zwingen:
Was sie vereinen, wird sich wieder spalten,
Was sie erneuern, über Nacht veralten,
Und was sie stiften, Not und Unheil bringen.

Jetzt ist die Zeit, da sich das Heil verbirgt,
Und Menschenhochmut auf dem Markte feiert,
Indes im Dom die Beter sich verhüllen,

Bis Gott aus unsern Opfern Segen wirkt.
Und in den Tiefen, die kein Aug entschleiert,
Die trocknen Brunnen sich mit Leben füllen.

Man sollte diese Zeilen nicht missverstehen als einen Verzicht darauf, in der Gesellschaft zu handeln. Schneider war keiner, der sich untätig in stille Winkel zurückzog. Was ihm widerstrebte, war der bloße Aktivismus, der schon die Tat an sich für den Lösungsweg hielt. Menschen der Tat, die nicht zuerst ihre Verantwortung vor Gott bekennen, waren ihm verdächtig. Was Schneiders Werke, vor allem seine Prosa, dabei auszeichnet: Er zwingt seine Personen nicht in ein Korsett der realitätsfernen Frömmigkeit. Seine Themen sind nicht frei erfunden – stets geht es um wirkliche Personen und Ereignisse der europäischen Geschichte. Selbst da, wo er Handlungen und Gestalten der Gegenwart beschreibt, kleidet er sie in ein historisches Gewand. Das wurde ihm gelegentlich als eine Art Flucht in die innere Emigration vorgeworfen, als Mangel an Mut, Wahrheiten und Herausforderungen direkt auszusprechen. Aber größer könnte ein Missverständnis kaum sein.

Wie subtil und zugleich unmissverständlich Schneider vorging, zeigt ein anderes seiner herausragenden Gedichte aus der Zeit des Nationalsozialismus. Es entstand 1938, heißt «Der Antichrist» und wurde als eine geradezu prophetische Anklage gegen Hitler verstanden.

Dennoch scheint Schneider diese unmittelbare Deutung einzuschränken, indem er diesem Sonett einen Untertitel gibt: «Nach Luca Signorelli». So verweist er auf einen großen Maler der italienischen Renaissance, und oberflächlich könnte man meinen, dass er nur dieses Gemälde Signorellis in Worten nachbildet, mit Hitler also gar nichts zu tun haben will. Als Schneider schrieb, war es allerdings noch nicht möglich, so geschichtslos zu lesen. Nur wer, wie immer mehr Menschen heute, auch gesellschaftspolitisch von der Hand in den Mund lebt, ohne sich der Wurzeln des eigenen Tuns bewusst zu sein, muss mit Reinhold Schneiders Verständnis von Zeit und Geschichte – die das normale, selbstverständliche Bildungsgut des 19. und 20. Jahrhunderts einbezieht – Schwierigkeiten haben. Auf das Gedicht «Der Antichrist» angewendet, heißt das: Der deutliche Hinweis auf Luca Signorelli mindert nicht die Aktualität, sondern steigert sie. Denn nun wird verständlich, dass auch die Kunst der Renaissance die einst so vertrauten biblischen Warnungen ernst nahm. Dämonisches, Satanisches, das Wirken des Antichristen – das sind nicht Dinge, die plötzlich und ohne Vorwarnung über ein Volk hereinbrechen. Wenn bereits Jesus, Petrus und Paulus zukunftsbestimmende Hinweise gaben, wenn das Neue Testament bis zu den Seiten der «Offenbarung» nicht etwa pessimistisch, sondern vorwarnend und ratend die Gläubigen auf die Gefahren einer Welt ohne Gott hinweist: Wer könnte da behaupten, dass ein Hitler oder irgendeiner der anderen Tyrannen und Massenmörder außerhalb der Geschichte stehe?

Ein Gedicht wie «Der Antichrist» ist hochpolitisch, weil es die Augen nicht vor den Zusammenhängen verschließt. Gedichten, die wie Sonette vierzehn Zeilen umfassen, ist das sicher schneller und direkter zu entnehmen als einer Erzählung oder einem Roman. Doch es ist ein Schlüssel, der uns hilft, auch die Prosatexte dieses Autors besser zu verstehen.

Der Antichrist
(Nach Luca Signorelli)

Er wird sich kleiden in des Herrn Gestalt,
Und seine heilge Sprache wird er sprechen
Und seines Richteramtes sich erfrechen
Und übers Volk erlangen die Gewalt.

Und Priester werden, wenn sein Ruf erschallt,
Zu seinen Füßen ihr Gerät zerbrechen,
Die Künstler und die Weisen mit ihm zechen,
Um den sein Lob aus Künstlermunde hallt.

Und niemand ahnt, daß Satan aus ihm spricht
Und seines Tempels Wunderbau zum Preis
Die Seelen fordert, die er eingefangen;

Erst wenn er aufwärts fahren will ins Licht,
Wird ihn der Blitzstrahl aus dem höchsten Kreis
Ins Dunkel schleudern, wo er ausgegangen.

Jede dieser vierzehn Zeilen war unmittelbar als Beschreibung Hitlers und seiner Herrschaft zu verstehen, von der Uniform mit dem missbrauchten «Eisernen Kreuz» über die religiösen Floskeln seiner Reden (die er gelegentlich mit einem «Amen» beendete) und die von ihm protegierten «Deutschen Christen», die mit ihrem Reichsbischof zu den Getreuen Hitlers wurden – und denen sich die «Bekennende Kirche» um Dietrich Bonhoeffer und Martin Niemöller entgegenstellte –, über die Gleichschaltung der Reichskulturkammer bis hin zu den «Lichtdomen» auf den großen Nazifesten und Parteitagen, in denen Leuchtkegel in den Himmel hineinragten.

Wer mit diesen beiden Gedichten «Allein den Betern» und «Der Antichrist» auf Reinhold Schneiders sparsamwirkungsvolle Dichtkunst eingestimmt ist, kann schnell die charakteristische Handschrift des Prosa-Autors erkennen. Das gilt auch für Werke, die vor und nach der Zeit des Nationalsozialismus entstanden. Denn Schneider war nicht nur einer der wenigen Schriftsteller, die mit hohem persönlichen Mut in einer Diktatur lebten und schrieben und deren Werk noch heute literarisch Bestand hat. (Andere, an die hier zu erinnern ist, waren evangelische Autoren wie Rudolf Alexander Schröder, Bernt von Heiseler, Ricarda Huch, Albrecht Haushofer und Ernst Wiechert, dazu katholische wie Werner Bergengruen und Gertrud von Le Fort.) Als Christ und Europäer setzte sich der 1903 geborene Sohn eines evangelischen Vaters und einer katholischen Mutter auch schon mit seinen ersten Veröffentlichungen für das Zusammenleben der Völker und Kulturen ein. Seine frühen Bücher über spanische und portugiesische Geschichte – «Das Leiden des Camões» (1930), «Portugal, ein Reisetagebuch» (1931, bis heute in immer neuen Taschenbuchauflagen erhältlich) und «Philipp der Zweite oder Religion und Macht» (1931) – machten ihn schnell berühmt. Als dann der Nationalsozialismus Völkerhass predigte und mit Verfolgungen gegen Minderheiten und angebliche Außenseiter und bald schon mit massiven Maßnahmen gegen die Juden begann, setzte Schneider ein faszinierendes Buch über die britische Geschichte dagegen: «Das Inselreich. Gesetz und Größe der britischen Macht» (1936). Dreitausend Vorbestellungen und drei Nachdrucke mit insgesamt 15 000 Exemplaren weckten schließlich den Verdacht der nationalsozialistischen Behörden. Das Buch wurde unterdrückt und wurde erst 1955 wieder veröffentlicht.

Im gleichen Jahr, 1936, erschien die Novelle «Friedrich von Spe», ein erster literarischer Protest gegen die Verfolgungen und die Konzentrationslager. Der Sammelband, in dem diese Novelle neben den Werken anderer

Autoren stand, trug den programmatischen Titel «Die Stunde des Christentums».

Zwei Jahre später, kurz vor den ersten Gewaltmaßnahmen gegen die Juden («Reichskristallnacht»), folgte sein historischer Roman «Las Casas vor Karl V.», in dem die scharfe Kritik an den spanischen Eroberungen in Südamerika, der Verfolgung, Folterung und Ermordung der Indios sowie die brillante Darstellung des Widerstandsmuts eines Christen ein letzter großer Appell zur Umkehr von der antijüdischen Vernichtungspolitik der Nazis waren. An den Maler Leo von König schrieb Schneider darüber am 2. Februar 1938, noch vor dem Erscheinen des Buches:

> *«Ich muß zutiefst in das unterste Grauen hinab, über dem Geschichte sich hinbewegt, und ich tue es in dem Glauben, daß ich auf diese Weise etwas überwinden könnte, das überwunden werden muß: Es ist das schwerste Leiden um das eigene Volk und alle Völker, um das Schicksal der Seelen. Aber ich will froh sein, wenn ich es auf meine Weise, so weit ich es eben kann, den Menschen werde verständlich gemacht haben.»*

Auf diesem literarischen Weg eines inneren Widerstands blieb Schneider auch, als seine Werke aus den Buchhandlungen verschwanden und seine Stammverlage ihn nicht mehr druckten. Erzählungen und Meditationen entstanden, genauso wie die zahlreichen Gedichte, die von Hand zu Hand weitergereicht wurden und bis in die Konzentrationslager gelangten. «Allein den Betern kann es noch gelingen» erreichte eine Verbreitung, die nach frühen Schätzungen in die Millionen ging.

Nur knapp entging Schneider kurz vor Kriegsende einem Hochverratsprozess. Der Kriegspfarrer Johannes Kessels hatte als Bezirksstandortpfarrer in Rzeszow

(«Reichshof», im besetzten östlichen Südpolen) im März 1944 mit Schneiders nachträglicher Billigung und mit Hilfe einer polnischen Druckerei in einer Auflage von 5000 Exemplaren eine Anthologie mit Gedichten und kurzen Prosatexten herausgebracht, «Das Gottesreich in der Zeit». Unter den Texten waren auch «Allein den Betern» und «Der Antichrist». Als Hitlers Schergen die Brisanz des Buches erkannten, gingen sie gegen Kessels und Schneider vor. Martin Bormann leitete einen Prozess wegen «hochverräterischer Wehrkraftzersetzung» gegen Kessels und «Hoch- und Landesverrats» gegen Schneider ein. Doch der Pfarrer war mittlerweile nach Dänemark versetzt worden, wo der Haftbefehl kurz vor Kriegsende nicht mehr ausgeführt wurde. Und Schneider war zur gleichen Zeit in Freiburg im Krankenhaus, auf eine Operation wartend, wurde von den Ärzten nicht der Gestapo übergeben und kam nach Hause, als die Franzosen seine Stadt bereits besetzt hatten.

In Freiburg wurde der französische Offizier Victor Hell in seinem Haus einquartiert, ein Literaturkenner (später Professor für Vergleichende Literaturwissenschaft in Straßburg), der zum Freund und Förderer wurde. Ein anderer Wegbegleiter, der Dichter Alfred Döblin, der aus dem Exil in die französische Besatzungszone gekommen war, sorgte als Kulturoffizier der Franzosen dafür, dass Schneiders Mut mit der ersten Publikationsgenehmigung gewürdigt wurde, die ein nicht ins Exil gegangener deutscher Schriftsteller nach Kriegsende erhielt.

Nach 1945 war seine Stimme erneut die eines engagierten Christen, der den Wiederaufbau Deutschlands im Zeichen des die Wunden heilenden Christus verstanden haben wollte. Seine Auseinandersetzung mit dem christlichen Glauben in der modernen Welt und mit der Herausforderung durch die Naturwissenschaften ließ ihn auch autobiographisch über christliche Verantwortung nachdenken («Verhüllter Tag», 1954; «Winter in Wien», posthum 1958). In «Winter in Wien», das viele für sein unverändert aktuellstes Werk halten, ging er dabei bis an die Grenzen des Glaubenszweifels, fragte nach dem verborgenen Gott in einer Welt des Leidens und der Selbstzerstörung, die er minutiös genau in der Natur und in den Ergebnissen der Naturwissenschaft beobachtete.

Schneider litt oft an dem Dunklen, das er in seiner Zeit erkannte. Er wurde kein Autor für geschlossene Konventikel, sondern blieb ein Christ in der Gesellschaft. Sein Engagement führte ihn vorübergehend in die Isolation, als er auf Bitten eines anderen Schriftstellers, des DDR-Kultusministers Johannes R. Becher, in einer Ostberliner Zeitschrift Friedensappelle publizierte und öffentlich gegen die Wiederaufrüstung der beiden deutschen Teilstaaten auftrat. Auch aus den Kirchen kam der Vorwurf des Verrats an den Werten des Westens und des antikommunistischen Christentums. Theodor Heuss, der erste Präsident der Bundesrepublik, der schon zur Zeit des «Dritten Reichs» mit Schneider bekannt geworden war, holte den plötzlich Umstrittenen daraufhin wieder mitten in die Gesellschaft: Er ließ ihn 1952 in die neu gegründete Friedensklasse des Ordens «Pour le Mérite» aufnehmen. Bis heute ist dieser Orden die höchste Auszeichnung, die Deutschland zu vergeben hat. Und Heuss nahm 1954 an der Essener Premiere von Schneiders Theaterstück «Innozenz und Franziskus» teil. Schneider, der erst nach 1945 für die Bühne zu schreiben begonnen hatte, war zum nationalen Dichter und zu einer brückenbauenden Figur des Nachkriegs-Europas geworden. Der Friedenspreis des deutschen Buchhandels, der ihm 1956 in der Frankfurter Paulskirche verliehen wurde – Hermann Hesse hatte den Preis im Vorjahr erhalten –, schloss diesen Weg des von der Gesellschaft gehörten und respektierten Christen und Europäers konsequent ab. In seiner Frankfurter Rede vom 23. September 1956 heißt es:

«Freilich ist es wahr: Friede als solcher ist nicht der höchste Wert; sittlich-personale, geistige, religiöse

Werte sind ihm übergeordnet. Friede aber als geschichtliche Darstellung glaubensstarker Liebe zu Gott, der Menschheit und aller Kreatur könnte wohl der höchste Wert sein.»

Keiner hatte das besser verstanden als der andere große christliche Schriftsteller jener Zeit, Werner Bergengruen, der in seiner Festansprache zu Ehren Schneiders in der Paulskirche sagte: «Reinhold Schneider nennt den Namen des Friedens, nicht weil er vorteilhafter ist als der Krieg. Friede ist ihm nicht eine Forderung der Prosperität und des ungestörten materiellen Wohlbehagens – hier sollten alle Missverständnisse beseitigt werden –, sondern die Erfüllung eines göttlichen Gebots. Sein Friedensruf ist der Ruf eines Mannes, der seinen Ort nicht in Organisationen und Kanzleien hat, sondern in der Einsamkeit des Geistes; eines Mannes, welcher der Sache des Friedens eher in einer halbverfallenen Kapelle zu dienen meint als in einem prunkvollen Völkerpalast und in lärmigen Kongresshallen; des Mannes ohne Apparat. Ja, er ruft nicht einmal so sehr zum Frieden auf, sondern zu jener Sinneswandlung, die allein die Voraussetzung für den Frieden schaffen kann.»

Die entscheidenden Merkmale, von denen bisher die Rede war, prägen auch die Erzählungen Schneiders. Natürlich sind sie zuerst Erzählungen, nicht Politik, Geschichtskunde oder Theologie. Sie lassen sich lesen und rundum genießen als spannende, unterhaltende, zum Teil durchaus anspruchsvolle Literatur, ohne dass man Seite für Seite bedeutungsschwangere Untertexte entdecken müsste. Große Dichtung zeichnet sich gerade dadurch aus, dass sie ihren Rang nicht erst dank der hohen Symbolik oder der tieferen Botschaft gewinnt. «Die Rose des Königs» zum Beispiel, 1934 entstanden und 1953 erstmals gedruckt, ist die kurze, zarte, geradezu bewegende Geschichte einer Liebe, die lange nachwirkt, gerade auch wenn man sie nicht befrachtet mit der Realpolitik des Entstehungsjahres, dem Glauben der Handelnden oder den Verästelungen der preußischen Geschichte, in der sie «spielt». Wer den Anspielungen nachspürt, wird sie in den Zeilen und zwischen den Zeilen entdecken, verdeckt dabei aber vielleicht die schlichte Schönheit der Sprache dieser Erzählung.

Anders gesagt: Schneiders Erzählungen lassen sich ohne Fußnoten und Anmerkungen verstehen. Man muss nichts über das Leben der preußischen Königin Luise und ihres Mannes, des Königs Friedrich Wilhelm III., wissen, um eine Liebe, die über den Tod hinausgeht, zeitlos verstehen und in unsere Zeit «übertragen» zu können. Schneiders Erzählungen haben diese Eigenschaft großer Literatur, dass sie sich selbst erschließen, wenn man sie nicht auf ihren historischen Stoff und dessen zeitgeschichtliche Zusammenhänge einengt. Auch die erste Geschichte dieses Auswahlbandes macht das deutlich:

«Das Attentat» entstand 1934 und kursierte zuerst nur in kleinem Kreis, ehe es 1954 erstmals gedruckt wurde. Wer die Erzählung zur Entstehungszeit las oder nach Kriegsende das Datum zur Kenntnis nahm, konnte gar nicht anders, als an die gescheiterten Attentate auf Hitler zu denken. Als Schneider den Text schrieb, waren die großen Attentate, namentlich jenes vom 20. Juli 1944, zwar noch nicht geschehen, doch die Frage des gewaltsamen Vorgehens gegen den Tyrannen stand 1934 längst im Raum, nachdem erste Konzentrationslager eingerichtet waren (Schneider wusste vom KZ Dachau, wie er selbst schreibt, bereits seit dem 30. Januar 1934.) Die Verfolgung unliebsamer Bürger, Verhaftungen, Folterungen, Ermordungen und pseudolegale Hinrichtungen gehörten seit dem Wahlsieg vom Januar 1933 zum Tagesgeschäft der Nationalsozialisten. Und der «Röhm-Putsch» mit der so genannten «Nacht der langen Messer» vom 30. Juni 1934, mit über zweihundert Ermordeten, blieb nicht verborgen. Vor diesem

Hintergrund war der eigentliche Stoff, das – missglückte – Attentat des Heinrich Ludwig Tschech auf König Friedrich Wilhelm IV., eine historische Folie, vor der die Gegenwart – seine, wie auch die unsere heute – umso deutlicher erkennbar wird. Wie weit darf der Hass auf den Herrscher gehen? Welche Maßstäbe sind anzulegen, und wer darf ein Urteil fällen? Auch in der aktuellen Wirklichkeit des 21. Jahrhunderts wird weiter darüber gestritten, bei den Vereinten Nationen, unter Theologen, in den Medien. Welchen Gewaltherrscher darf man mit Gegengewalt ausschalten? Und woher käme die Legitimation?

Reinhold Schneider hat nie ein Geheimnis daraus gemacht, auch später nicht, dass er den Tyrannenmord nicht rechtfertigen kann. Aber er hat denen die Berechtigung dazu nicht abgesprochen, die es mit ihrem Gewissen vor Gott verantworten konnten, den Tod des von Gott längst Verurteilten (vgl. das Gedicht «Der Antichrist»!) selbst herbeizuführen. Er war mit Angehörigen des «Kreisauer Kreises» und mit Attentätern des 20. Juli befreundet und wurde von ihren Familien gebeten, nach Kriegsende eine Gedenkrede auf die Hingerichteten zu halten, obwohl kein Zweifel daran bestand, dass er die Tat selbst nicht befürworten konnte.

Diese Integrität Schneiders, die auch solchen Gewissensnöten standhielt, prägt bereits die frühe Erzählung «Das Attentat». Natürlich war Friedrich Wilhelm IV. kein Vorläufer Hitlers. Gerade die Zerrissenheit dieses Königs, die Schneider genau erfasst, gab ihm vielmehr die Möglichkeit, etwas darzustellen, das noch in seinem historischen Roman «Las Casas vor Karl V.» von 1937/38 unmissverständlich ausgesprochen wird: Dem Herrscher ist, und sei es auch in später Stunde, die Möglichkeit zur Umkehr gegeben. Tätige Reue (wie der historische Karl V. sie den Indios gegenüber tatsächlich übte) darf auch nach vielen Untaten nicht abgewiesen werden. Auch Friedrich Wilhelm IV. wurde ein Herrscher ohne

Gewalt – so sehr, dass man ihn später als den «Romantiker auf dem Thron» belächelte. 1934, sogar noch 1938, erhielt sich Schneider die Fähigkeit, «zu hoffen wider die Hoffnung». Doch spätestens seit den Judenpogromen, die sich an die «Reichskristallnacht» anschlossen, hatte er die Hoffnung auf eine Umkehr Hitlers aufgegeben. Das Gedicht «Der Antichrist» lässt daran keinen Zweifel. Das heißt nicht, seine früheren Texte – «Das Attentat», die Novelle «Friedrich von Spe» (später auch unter dem Titel «Der Tröster» veröffentlicht) und der historische Roman «Las Casas vor Karl V.» – hätten sich als untaugliche literarische Mittel herausgestellt. Die Stunde des Prüfens, des (bei Schneider durchaus auch prophetischen) Warnens, des Aufrufs zur Umkehr, kommt immer wieder. Sie zu nutzen, war Schneiders Gabe und Kunst. Bis heute hat das nicht an Aktualität verloren.

Schneider entnahm seine Themen und Motive nicht nur der preußischen Geschichte. Das Europäische seines Interesses zeigt sich auch an den vielen Regionen und Nationen, deren Vergangenheit und Gegenwart ihn anregten. So spielt unter den Erzählungen dieses Bandes «Taganrog» (1940 entstanden, 1946 veröffentlicht) in Russland, in der Zeit nach der katastrophalen Niederlage Napoleons vor Moskau. Auch «Die Wahrheit» (1940 entstanden, 1948 veröffentlicht) ist in Russland angesiedelt, in den letzten Jahren der Regierung Alexanders I. Und hier wird gegen Ende die Wahrheitsfrage, die bis dahin zwischen Macht und Machterwerb wie ein revolutionärer Spielball hin und her zu fliegen schien, im Empfang des Abendmahls auf ihren christlichen, von Jesus her kommenden Kern zurückgeführt: «Als er das Bekenntnis seiner Schuld und Schuldlosigkeit abgelegt hatte, fragte ihn der Geistliche erstaunt: ‹Ist dies Wahrheit?› – ‹Sie allein können und müssen mir glauben›, antwortete Fahlenberg, ‹und auch erst in diesem Augenblick. Ich glaube an den Herrn, der die Wahrheit ist, und bin bereit, seinen Leib zu empfangen.›»

Näher an den Regionen, in denen Schneider zwischen Baden-Baden, Freiburg, Berlin und Potsdam während der wichtigsten Jahre seines Schaffens lebte und wirkte, liegt «Der fromme Herzog»; eine Erzählung, die in Thüringen angesiedelt ist. Der Dreißigjährige Krieg, die Bedrohung durch die Türken, Martin Luther und die Wirkung seiner Lehre klingen an, und mitten in den Schilderungen von Konflikten und Kämpfen steht einer der für Schneider so typischen Abschnitte, in denen die Modernität des Fragens und Suchens spürbar bleibt:

«Er prüfte mit einem Zirkel die Maße nach, rechnete die Tragfähigkeit aus, zog ein paar Linien weiter und legte dann, mit einem leichten Seufzer, das Blatt in die Lade, die seine Lieblingspläne und Träume verschloss. Beim Hineinlegen ein paar Blätter zur Seite schiebend, wunderte er sich selbst über die krause Schrift, die da zutage trat, und die noch viel seltsameren Worte: Es war ein Schreiben des Koptischen Patriarchen an Ernst, den Sultan zu Sachsen und Beherrscher Thüringens; und der Herzog erinnerte sich mit einer leichten Bitterkeit des Gesandten, den er hatte nach Abessinien schicken wollen, um das dortige Christentum zu erforschen und endlich einen Weg zu den Gläubigen Afrikas zu bahnen. Mochte der Gesandte ein Betrüger oder auch nur ein Narr gewesen sein, der sich in der Art der Gelehrten in der fremden Welt nicht zurecht fand, obwohl er sie doch gründlich studiert hatte in seiner Stube zu Erfurt – so daß er weder nach Abessinien gelangte noch sich aus Ägypten zurückwagte nach Gotha –, war die Frage nach den Christen des dunklen Erdteils nicht ernst; musste sie nicht eine Antwort finden?»

Was gerade an diesem Abschnitt über die bleibende Aktualität des afrikanischen Christentums hinaus auffällt: Schneider schrieb und veröffentlichte den Text 1941. Der französische Verleger Joseph Rossé hatte ihn in dem Band «Nach dem großen Kriege» zusammen mit Schneiders Erzählung «Die letzte Reise des Kurfürsten Maximilian» herausgebracht, im besetzten Colmar, am Rande der Legalität, und mit geheimen Papierlieferungen des deutschen Industriellen Heinrich von Schweinichen. Rossé hatte sich dadurch getarnt, dass er auch amtliche Nazi-Literatur herausbrachte. Wer in einem solchen Sammelband davon las, dass man sich sehr ernsthaft um das Kennenlernen des afrikanischen Christentums bemühen müsse, begriff 1941 sofort, dass es um mehr ging als um einen thüringischen Herzog und seine Pläne. Die rassistischen Überlegenheitshetzen der Nationalsozialisten werden hier gleich doppelt angegriffen: Zum einen durch die Betonung des Christentums als Quelle der Orientierung, zum anderen durch die so nachdrückliche Hervorhebung der Bereitschaft des Herrschers, von den Afrikanern und ihrem gelebten Glauben vielleicht sogar zu lernen.

Rossés mutigste Veröffentlichung war der Band «Die dunkle Nacht» (1943), der unter anderem Schneiders bereits 1936 erschienenen Protest gegen Verfolgung, Folter und Konzentrationslager, «Friedrich von Spe», unter dem neuen Titel «Der Tröster» enthielt, aber auch die in dem hier vorliegenden Band wiedergegebene Erzählung «Vor dem Grauen». Schneider hatte sie 1939 in Paris geschrieben. Sie spielt in und um Rom, im Jahre 1783, kurz vor der Französischen Revolution, als die Umstürzungen der Revolution ebenso absehbar waren wie 1939 der Zweite Weltkrieg als endgültiger Untergang des alten Europa. Das Grauen, das sich andeutet, 1783 ebenso wie 1939, war für Schneider nicht nur das Leiden der Menschen, das Sterben für irgendwelche angeblich hehren Ziele, sondern etwas noch Elementareres, von dem wir auch heute, im hundertsten Geburtsjahr Schneiders, wieder sprechen: der Verlust jeder

Orientierung an Werten, die Beliebigkeit der Maßstäbe des Lebens im Privaten wie in der Gesellschaft, die unreflektierte Willkürlichkeit, mit der jeder das eigene Koordinatensystem mit sich herumträgt.

Ohne zu behaupten oder auch nur anzudeuten, dass sich die Verbrechen des Nationalsozialismus mit denen des Kommunismus oder der Französischen Revolution auf eine Stufe stellen lassen – Schneider war stets ein Gegner der Tendenz, die Untaten des einen durch die Untaten des anderen relativieren zu wollen –, wusste er doch, dass sich bekennende Christen nie vereinnahmen lassen von Strömungen des Zeitgeistes, ob sie nun von links oder von rechts kommen, ob sie tyrannisch sind oder liberalistisch. Man kann «Vor dem Grauen» nicht ohne das Erschrecken darüber lesen, dass wir heute noch immer nicht gelernt haben, dem Auflösungsprozess des Christentums öffentlich wirksam entgegenzutreten: Eine der beiden Hauptfiguren ist ein Abbé, also ein Mann der Kirche, der alles Heilige, alle Tradition und alle Glaubenstreue verachtet und mit «Liebe» nicht die christliche Liebe meint, wie Jesus sie lehrte und Paulus sie im berühmten Hymnus des 1. Korintherbriefs (13,1–13) pries, sondern die Liebe zum Licht der beliebig immer wieder neu zu definierenden, philosophisch geprägten Aufklärung, mit der man sich endlich aus den Fesseln der verbindlichen Bibel und der gelebten christlichen Glaubenstradition befreien könne. Dieses Denken ist auch heute, gerade heute, nicht nur anti-christlichen Publikationen zu entnehmen, sondern noch immer auch in akademischen Seminaren und sogar von manchen Kanzeln zu hören.

Schneiders Erzählung verzichtet darauf, ein Programm dagegenzustellen. Er will nicht den wissenschaftlichen Disput, sondern das Modell des christlichen Lebens. In seinen Anfängen wuchs das Christentum nicht, weil es sich den Philosophien intellektuell überlegen zeigte (das kam später), sondern weil die Christen so lebten, dass die feindlichen, zumindest skeptischen Zeitgenossen die tiefe Glaubwürdigkeit dieser Menschen sahen: ein Leben in der Nachfolge Christi, das die herkömmlichen Normen des egozentrischen, machtorientierten, ausgrenzenden Verhaltens durchbricht.

Für dieses Weltbild steht in der Erzählung ein Mann, der ganz unten steht, ein Bettler, dem nichts mehr geblieben zu sein scheint als das Gebet. Doch dieser Benedikt Labre, ein französischer Pilger, analysiert die Gesellschaft klarer als der Abbé. «Wenn man die Menschen ansieht», erklärt er einem Edelmann, der ihn mehrmals aufsucht, «so erkennt man, dass sie nicht mehr glücklich werden können. Es fehlt etwas in ihren Gesichtern, in ihrem Lachen und in ihren Stimmen; es ist, als ob man nur das Blatt einer Geige sähe mit den aufgespannten Saiten, der Boden ist nicht mehr da, die Geige wird nicht mehr klingen. Darum bedrücken diese fröhlichen Gesichter so furchtbar das Herz. [...] Freilich pflanzt sich Gottes Reich unsichtbar fort, so wie gewisse Pflanzen sich durch ihr Wurzelgespinst unter der Erde verbreiten; für einen jeden Trieb, der abstirbt, keimt ein neuer, von dem wir nicht wissen. Aber es soll doch ein jeder, der diesem Reich angehört, ihm einen Nachfahren schenken. Das war es, was ich Ihnen sagen wollte. Vielleicht verstehen Sie mich schon jetzt: vielleicht werden Sie mich später oder auch nie verstehen. Sie brauchen nicht zu antworten. Auf ein Stück Wahrheit läßt sich nichts erwidern. Es wirkt – oder es wirkt nicht. Das ist nicht in unserer Hand; wir sollen es nur bezeugen.»

Manche evangelischen Leser haben um das klare Glaubensbekenntnis dieser Erzählung, das mitten im Zweiten Weltkrieg gegen die Barbarei Hitler-Deutschlands stand und dessen Aussagen bis heute gelten, einen Bogen gemacht, weil dieser Benedikt Labre ein gläubiger Katholik war; einer, der 1881 vom Papst heilig gesprochen wurde. Reinhold Schneider lesen heißt aber auch, die Christuszeugnisse nicht nach Kirchen und Konfessionen zu trennen. Nicht das, was uns trennt, zählt heute in einer zunehmend kirchen- und christenfeindlichen Welt, sondern das, was uns eint. Auch dies hat Schneider in seiner Person und seinem Werk vorgelebt. Trennendes hat er ebenso wenig verschwiegen, wie wir es heute verschweigen dürfen. Aber er hat es nicht denen zum Fraß vorgeworfen, die daraus Nahrung für den Kampf gegen alles Christliche machen. Die vielleicht bewegendste Freundschaft, die Schneider pflegte, war übrigens die mit dem evangelischen Liederdichter und Romanautor Jochen Klepper. Ihr Briefwechsel ist ein Zeugnis für das gemeinsame Wirken in dunkelster Zeit.

Am Ende dieses Bandes steht ein autobiographischer Text – auch er eine Erzählung, aber eine aus der erlebten Wirklichkeit des Autors. Das Kapitel «Der Vorübergang» steht in Schneiders autobiographischem Werk von 1954, «Verhüllter Tag». Es beginnt mit einer Fahrt nach Colmar, am Morgen des 20. Juli 1944, noch ehe die Nachricht vom Scheitern des Attentats auf Hitler bekannt wurde. Es endet mit einem Glaubensbekenntnis und einer Botschaft:

> *«Fast könnte ich die Pazifisten beneiden um die Meinung, daß es möglich sei, die Kriege aufzuheben, den Blutstrom der Erde zu stillen. Aber ich weiß, daß Krieg und Kriegsgeschrei immer greller werden und daß am Ende die Elemente vor Hitze zerschmelzen und die Erde samt den Werken auf ihr verbrennen werden. [2. Petrus 3,10.] Vor dieser Wirklichkeit, die unabänderlich ist und immer da, soll nach meiner Überzeugung der Christ den Frieden* **tun**. *Ich beneide die Pazifisten nicht. Ich achte ihren Mut, ihre Zuversicht, ihren Glauben an den Menschen und die Vernunft. Aber ich glaube einzig und allein an Jesus Christus und die Welt, die er uns geoffenbart hat, die*

zugleich verdammte und gerettete Welt. Ich glaube an seine ungehörten, vorübergegangenen Boten.»

So endet dieses Kapitel. Es führt aus dem Erlebnis des Kriegsendes in eine Gegenwart, die auch die unsere ist. Und es enthält, mutig und gegen den Geist der Entstehungszeit, ein klares Bekenntnis zu den jüdischen Wurzeln des Christentums, ein Schuldbekenntnis des Versagens der Deutschen gegenüber den, wie Schneider es formuliert, vom Satan verfolgten Juden, das gerade heute, in einer Phase, in der antijüdisches Denken fast überall in Europa immer beliebter wird, nicht nur in Deutschland gehört werden muss.

Reinhold Schneider lebte in seinen Schriften. Der «Verhüllte Tag» belegt das eindrucksvoll. Zugleich zeigt das hier ausgewählte Kapitel aber auch, dass er mehr war als der Vermittler von Glaubensbotschaften und unbequemen Wahrheiten. Er war ein Erzähler und Sprachgestalter ersten Ranges, dessen Erzählungen auch dann Bestand haben, wenn man sie nicht erst deutet und interpretiert, sondern «nur» als Literatur nimmt. Man wird ihm gerecht, wenn man beides sieht: Person und Werk, hohe Erzählkunst und mutiges Bekenntnis. In Reinhold Schneiders hundertstem Geburtsjahr einen Band seiner wichtigsten Erzählungen herauszubringen, bedeutet mehr als nur die Würdigung eines der herausragenden christlichen Schriftsteller des 20. Jahrhunderts. Es ist zugleich die Wiederentdeckung eines Christen, der sich in der Gesellschaft engagierte und mit seinen Schriften Mut machte. Denn der Genuss einer brillanten Erzählung ist keine Flucht ins Innere – das wussten auch Schneiders erste Leser sehr genau. Ganz aktuell und modern zeigt uns Reinhold Schneider immer wieder, wie Literatur und Verantwortung, wie Dichtung und Wirklichkeit zusammengehören.

Carsten Peter Thiede

Das Attentat

Die erste, freilich nur amtliche Begegnung König Friedrich Wilhelms IV. mit Heinrich Ludwig Tschech, dem Bürgermeister von Storkow, der später durch seine verabscheuungswürdige Tat einen so düstern Ruf erlangen sollte, war angenehmer, fast verheißungsvoller Art. Tschech, der seit fast zehn Jahren dem kleinen märkischen Städtchen Storkow vorgestanden und in dieser Zeit einen heftigen Kampf für Recht und Ordnung geführt hatte, wandte sich, nach einigen vergeblichen Versuchen bei den Behörden, unmittelbar an den König, als aus der letzten Stadtverordnetenwahl Männer hervorgegangen waren, die dem Bürgermeister während seines Kampfes stets widerstanden hatten und seiner Überzeugung nach des ihnen anvertrauten Amtes nicht würdig waren. Es war aber eben die Zeit, da der fünfundvierzigjährige König in einem Rausch von Hoffnungen den Thron bestiegen hatte; seine Untertanen zweifelten nicht, daß die lange Erstarrung des öffentlichen Lebens, die unter dem ernsten und stillen Regiment seines Vaters eingetreten war, sich löse, so wie auch der neue Herr des festen Glaubens war, daß es ihm gelingen werde, die bedrohlich gestauten Kräfte der Zeit in einer neuen, schöneren Ordnung der Dinge zu vereinigen und auszubilden, ohne ihre vernichtende Macht fürchten zu müssen. In Königsberg, dem Ursprungsort seines Königtums, der Stadt, wo er selbst in trüben Jahren früher Jugend den Absturz und die beginnende Wiedererrichtung seines Staates miterlebt hatte, feierte der König, der erste seines Geschlechts, der die Sprache auf eine hinreißende Weise zu meistern verstand, in feuriger Rede den Anfang seines Wirkens; die Stände hatten es gewagt, ihn um die Ausarbeitung der Verfassungsurkunde zu bitten, die sein Vater vor nunmehr fünfundzwanzig Jahren verheißen hatte, ohne sich zur Erfüllung seines Versprechens entschließen zu können; der Sohn versprach, das begonnene Werk fortzusetzen, im Einklang mit den Geboten der Tradition und des Volkstums; dies ward, im Sturm der Freude, als eine Bejahung verstanden und von Ständen und Volk bejubelt; erst nach einigen Wochen sollte es sich zeigen, daß sich König und Volk, als sie einander eben begegnet waren und unmittelbar zu verstehen glaubten, gründlich mißverstanden hatten, weil in der Erregung des Augenblicks ein jeder nur seine eigene Hoffnung bestätigt sah. An dem Tage nun, da der König jene gepriesene Antwort gab, ward auch Tschechs Gesuch aus Königsberg beantwortet: nur Männer untadelhaften Rufs dürften das Ehrenamt eines Stadtverordneten verwalten.

So hatte der Bürgermeister gesiegt; und dieser erste königliche Bescheid mußte ihm als eine Bekräftigung der Verheißung erscheinen, daß künftig ein jeder, ohne Unterschied des Standes, seinen Weg finden werde zu seinem König, um Recht von ihm zu erlangen; im folgenden Jahre jedoch gaben die Bürger ihre Abneigung gegen ihren Bürgermeister und dessen strenges Regiment aufs neue kund: es wurden Männer gewählt, denen Tschech aus fester Überzeugung die Schuld gab an der Unordnung und den betrügerischen Gebräuchen, die er bei seinem Amtsantritt in Storkow vorgefunden hatte. Mochte es sein, daß seine Kraft nach hartem Kampfe erlahmt war und er die Überwindung seiner Gegner, die den besser bemittelten, fest miteinander verflochtenen Familien des Städtchens angehörten, nicht mehr für möglich hielt; mochte ihn, neben der Hoffnung, an anderm Orte ein nicht ganz so schweres Dasein zu finden, das Dunkle, Schicksalssüchtige seiner Natur getrieben haben, Tschech entsagte seinem Amt und entschloß sich, mit seiner Tochter und einem Mädchen, das er an Kindes Statt angenommen hatte, nach Berlin zurückzukehren, wo er einst bessere, wenn auch keineswegs heitere Tage gehabt. Noch mußte er es erleben, daß sein schlimmster Feind zu seinem Amtsnachfolger bestimmt wurde; daß dieser nicht sofort antreten konnte und darum der bisherige Bürgermeister selbst zunächst um Vertretung ersucht, dann aber, durch eine überraschende Verfügung, doch entlassen wurde, weil für die Zwischenzeit ein Regierungskommissar bestellt sei; Tschech überwand seine Gereiztheit, legte Rechnung ab und glaubte, der Zufriedenheit des Landrats sicher sein zu können.

Einige Bewohner des Städtchens schienen nun doch das Ungewöhnliche des herben Mannes zu fühlen; es fehlte nicht an solchen, die am letzten Abend, da der Transportwagen schon vor dem Haus stand, in die geräumten Zimmer kamen, dem Bürgermeister und seiner Tochter ein Bedauern auszudrücken; tags darauf stand mancher vor seiner Tür, dem Fortziehenden einen Gruß mitzugeben. Tschech ritt auf Myrrha, dem Pferde, das ihn oft am Abend von seiner Schreibstube oder dem niedern verqualmten Gastzimmer redender Bürger weg in die Freiheit des Ackerlandes, der flachen Wälder und in das Anschaun des grenzenlosen Raumes über der Ebene getragen hatte; um das Pferd sprang der Hund, der ihm bei solchen Ritten gefolgt war; die Mädchen saßen auf dem Wagen, an dessen Seite der Reiter sich hielt. Indessen hatte sich der Himmel, nach einer langen Periode fast wolkenloser Tage, plötzlich verfinstert; als die kleine Stadt hinter den Reisenden in der Fläche langsam verdämmerte, fiel der Regen, und bald mit solcher Heftigkeit, daß Tschech und die Mädchen eine Beschädigung des nicht genügend geschützten Hausgerätes befürchten mußten, vor allem des Pianos, dessen mächtig anschwellender Ton oftmals die kleine Gemeinschaft aus der Eintönigkeit des Landstädtchens in das Große hinübergezogen hatte, wenn die Mädchen still im Zimmer saßen und der Mann sich dem Unaussprechlichen, das er draußen auf seinem Ritte erfahren hatte, überließ.

So hatten sie eine flache Steigung erreicht, wo die Straße sich um einen mit Kiefern bestandenen Hügel wand, um dann wieder in der Ebene zu vergleiten, als der Bürgermeister, aus Gedanken aufsehend, die dürftigen, gebeugten Bäume und den schweren Himmel darüber, die Straße und die tiefen Radspuren und dahinter die verhängte Ebene mit erstaunten Blicken musterte; er blieb ein wenig zurück, den Wagen hineinziehen zu lassen in das Bild, und da nun auch der Hund vorausgelaufen war, vielleicht, um im Schutze des Wagens zu bleiben, so konnte der Überraschte nicht mehr zweifeln: es war eben das Bild, das er gleich nach seiner Ankunft in Storkow und dann oftmals im Traume gesehen, ohne zu begreifen, was es bedeuten sollte. Und da dieser eine Traum erfüllt schien, so schreckte den Betroffenen der andere Traum um so heftiger, der seit drei Jahren etwa hartnäckig wiederkehrte: Tschech sah sich in einem unbekannten Raume Abschied nehmen von seiner Tochter, die sich leidenschaftlich weinend an seine Brust warf; lange hielt er sie fest, und er spürte deutlich dazwischen das Verrinnen der Zeit, gleich einem Pendelschlag im Blute, der immer heftiger wurde; denn dies war das letzte Mal, daß er sein Kind im Arm halten durfte; eines Grundes wegen, den er nicht kannte, und auch, im Traume, nicht suchen wollte, sollte er hingerichtet werden. Endlich, unter dem Drängen einer Notwendigkeit, deren Vertreter er nicht unterscheiden konnte, riß er sich los, dem Richtplatz entgegenzuschreiten; klar erschienen nun Bühne und Block, und dahinter der kahle Zug grauer Häuser, deren Fenster besetzt waren; er legte sich nieder, fühlte das harte Holz, hatte das Gefühl der schauenden und bewundernden Menge, sah noch einmal die ganze Tiefe des Himmels, spürte ein jedes niederfallende Sandkorn letzter verrinnender Sekunden; da, als er den größten Schmerz erwartete, wissend, daß das Beil schon die Luft durchschnitt, nahm ihn das Erwachen schmerzlos in die Traumwelt des Tages hinüber.

Längst hatte der Bürgermeister es aufgegeben, den Sinn dieses Gesichtes zu ergrübeln; durch sein ganzes Leben, das von der Höhe einer glücklichen Kindheit im elterlichen Superintendentenhause durch verdunkelte Universitätsjahre und einen wechselvollen Lebenskampf in Berlin nach Storkow und endlich auf die märkische Straße sich gleichsam in einem einzigen Absturz bewegt, hatte ihn das Gefühl des Unvermeidlichen begleitet. So erschütterte es ihn auch nicht mehr, daß der Todestraum bald nach seiner Ankunft in Berlin sich wieder einstellte; kaum hatte er, nach den ersten etwas wirren Tagen im Gasthause, eine kleine Wohnung im kahlen Innern der Stadt bezogen, so hörte er den düstern Grundton seines Lebens wieder, den er gewohnt war und vielleicht auch nicht entbehren konnte. Indessen erinnerte man sich seiner in Storkow; der Amtsnachfolger glaubte entdeckt zu haben, daß Tschech in den ersten Jahren seiner Tätigkeit über das ihm zugestandene Maß hinaus Holz in Anspruch genommen habe, und forderte dafür Entschädigung; der einstige Bürgermeister widersprach; da er aber, infolge des Mangels an Zeugen und Papieren, den entscheidenden Nachweis nicht führen konnte, so schritt man in Storkow dazu, die erhobene Forderung zu vollziehn; Tschech erließ darauf, heftig gereizt, ein Schreiben, das ihm als Beleidigung ausgelegt wurde und die ärgerliche Sache in ein neues, vielleicht noch peinlicheres Stadium zu bringen drohte.

Indessen betrieb er mit Eifer seine Wiederanstellung beim Staat; er zweifelte nicht einen Augenblick, darauf ein Anrecht zu haben, obwohl die Regierung in Potsdam ihm auf seine erste, mit dem Abschiedsgesuch verbundene Bitte erwidert hatte, daß er Versorgungsansprüche nicht besitze. Eine umfangreiche Denkschrift über seine Amtswaltung in Storkow war dazu bestimmt, das beim Ministerium des Innern eingereichte Gesuch zu unterstützen, zugleich vielleicht aus Storkow zu erwartenden Anschuldigungen vorzubeugen; Bekannten, denen er in der Wartezeit begegnete und die sich der Jahre noch erinnerten, da er in Berlin ein Lackierwarengeschäft und, nicht ohne Geschick, den Verkauf von Häusern betrieben hatte, pflegte er auf die Frage, wo er in den letzten zehn Jahren gewesen, schroff zu erwidern: «Zehn Jahre auf Kamtschatka» oder «in Sibirien»; zu Hause indessen, in der stillen Gesellschaft der beiden Mädchen, klang, wie auch früher, sein Gemüt wieder auf; oft stand er abends mit Elisabeth am Fenster, in die Weite der Räume hinaufzusehen, die dem Auge von den Straßen der wachsenden Stadt nur noch zu einem geringen Teile erreichbar war; beide fühlten dann die Nähe der Toten, der Gattin und Mutter und einer Schwester Elisabeths, die beide die Ihren früh verlassen hatten und nun draußen, an der Grenze Berlins, wo die Häuser unablässig vordrangen in Gärten und Ackerland, auf einem verkümmernden Friedhof ruhten. In solchen Stunden erinnerte sich Tschech mit einer gewissen Wehmut der Freiheit märkischer Landschaft, des kleinen Gartens und eigenen Hauses in Storkow, und der Gedanke kam ihm, daß er das Wenige, was er dort besaß, vor dem entscheidenden Kampfe nicht hätte aufgeben sollen; aber ein Zug zur Größe oder zum mindesten zu einem außergewöhnlichen Dasein, den er über die Mißgeschicke und Niederlagen seines Lebens hinweg von früher Jugend her in sich genährt hatte, ja den er im geheimen, gerade aus dem Gegensatz seines wirklichen Daseins zu dem erwarteten heraus, nur glühender befolgte, widersprach; und wenn er dann seinen Spott aufbieten wollte gegen solche Träume, so erhob sich wieder das Dunkle seiner Natur und verbot ihm den Einspruch.

Nach vier und einhalb Monaten des Wartens entschied das Ministerium auf überraschende Weise dahin, daß nach den bisherigen Ergebnissen seiner Tätigkeit eine befriedigende Wirksamkeit des einstigen Bürgermeisters nicht mehr zu erwarten sei, um so mehr, als sich dieser die Unzufriedenheit eines allgemein geachteten Landrats wie des größten Teils der Storkower Bürgerschaft zugezogen habe. Tschech hatte somit seinen Feinden das Feld überlassen und mußte sie nun bei der Arbeit sehen; doch war er längst hart genug geworden, ein einmal ins Auge gefaßtes Ziel nicht mehr aufzugeben; er wandte sich an den Minister des Innern selbst, zu dem er auch, nach Überwindung einiger Schwierigkeiten, gelangte. Die Antwort erfolgte indessen erst nach einigen Tagen und war ungewöhnlich schroff: der Minister lehnte ab und erklärte, daß er ähnliche Eingaben nicht mehr erwidern werde. Da diese Instanzen durchlaufen waren, so blieb dem rastlosen Manne nur noch die oberste, der König selbst, der freilich wieder von eigenen Instanzen umgeben war; der erste Kabinettsrat eilte in Hut und Mantel an dem Wartenden vorüber, sich in den untenstehenden Wagen zu werfen, und fand kaum noch Zeit, auf die ihm nachgeschickte Frage zurückzurufen, daß er eine Stunde der Unterredung nicht bestimmen könne; der zweite indessen, der noch unter dem alten Könige gedient und, da der Diener stets der Spiegel seines Herrn ist, sich dessen menschenfreundliche, ruhige Art bewahrt hatte, versprach, bei dem Monarchen zu vermitteln. Um diese Zeit, da Tschech die Verbindung mit Friedrich Wilhelm IV. angebahnt hatte, blieb nach dem Zeugnis seiner Tochter Elisabeth jener Traum aus, nachdem er noch ein letztes Mal in schneidender Härte wiedergekehrt war.

Tschech verbrachte in diesen langen Monaten des Harrens einen Teil seiner Tage am Schreibtisch, mit einem Manuskript beschäftigt, über dessen Gegenstand und Bestimmung er sich nicht äußerte; zu andern Stunden nahmen ihn die Straßen der Stadt auf, in der die Erregung gärte und anschwoll, nachdem der Freudentaumel der Thronbesteigung nur allzurasch verflogen war. Während Publizisten und Literaten mit dem ihnen in Deutschland eigenen Mangel an Gefühl für Staatsformen und Ordnung, zugleich ermutigt von der lockern, abwartenden, sprunghaften Führung der Geschäfte, zu der Friedrich Wilhelm IV. angelegt war, bereits in breiten Wellen, zumeist aber von Nordosten und vom Rheinland her, den Angriff auf die Regierung führten, ließ sich auch ein unterirdisches Aufwallen, dessen Ursache und Anstifter verborgen blieben, verspüren; die Bahnhofshallen, die eben jetzt, das Häusergedränge beiseite schiebend, sich emporwölbten, um selbst die Kirchen zu überragen, vereinigten Fremde aus verschiedenen Teilen des Reichs, Reisende von jenseits der Grenzen mit Bürgern, die nun plötzlich den Bezirk ihrer Stadt durchbrochen sahen – es war, als seien Provinzen und Städte ins Fließen geraten. Und die Flut wühlte lange verborgen Gewesenes herauf: Nachrichten vom Elend der in engen finstern Quartieren zusammengedrängten Bewohner östlicher Städte, namentlich Breslaus, von der verzweiflungsvollen Not der Weber im Gebirge und den ersten, dort schwelenden verworrenen Ideen des Aufruhrs; von der siegesgewissen Empörungsbereitschaft der Polen im Osten und der nicht minder stolzen Neuerungssucht der westlichen Provinzen, die, im Schatten Frankreichs liegend, von dort allein Heil, Freiheit, Wohlstand erwarten und die Vorbilder künftiger Ordnung annehmen wollten, mischten sich mit den Beobachtungen des Einzelnen, mit dem zersprengenden Gefühl der Notwendigkeit einer Wandlung, einer Tat in einem Jeden. Kam nun in solche Bewegung der Hall der großen Tage, die der König zu feiern liebte, der zweiten Grundsteinlegung des Kölner Doms, die, mit dem altersdunkeln unvollendeten Bauwerk vergangener Zeiten in den Augen vieler das verhaßte Vergangene selbst erwecken zu wollen schien, so flammten Unmut und Entrüstung schon unverhüllt auf; noch war, trotz rauschender Feste, kein Schritt getan auf dem Wege zur Verfassung, die, von den geheimen Führern und Schürern der Bewegung, als das Allheilmittel ausgegeben worden war und somit in der Tat auch erschien. Zwar stand die Einberufung der aus den Provinziallandtagen gebildeten Ausschüsse unmittelbar bevor; doch schien der König weniger als je entschlossen, die geforderte Entscheidung zu vollziehn und dem Volk, oder denen, die sich für das Volk ausgaben, den verlangten Anteil an der Regierung einzuräumen. Es war aber in solchen Tagen, da Tschech, unmutig von den erregten Szenen und Gesprächen der Straße heimkehrend, das Wort fallen ließ, das in der Perspektive seiner späteren Tat eine merkwürdige Bedeutung erlangen sollte: er werde möglicherweise einen ernsten Gang haben mit dem König.

Die bald darauf erfolgte Ablehnung seines an den Landesherrn selbst gerichteten Gesuchs nahm der einstige Bürgermeister anscheinend nicht für endgültig; mit der Geschäftsführung der Beamten aller Grade war er inzwischen vertraut worden; es konnte diesen auch jetzt gelungen sein, sich zwischen den Bittsteller und den König zu drängen, vor dem vorstellig zu werden Tschech nach seiner bestimmten Überzeugung ein gesiegeltes Recht hatte. So warf er sich eines Sommermorgens aufs Pferd und sprengte hinaus nach Potsdam, der Bahn folgend, die ihn freilich in kürzerer Zeit in die Residenzstadt getragen hätte; es kam ihm in den Sinn, daß dies, wenn er auch heute sein Ziel verfehlte, der letzte Ritt sein könnte, der ihm auf Myrrha beschieden war; lange genug schon war das Pferd fast vergessen in seinem schlechten Stall gestanden; und als der Reiter nun ins Weite drang, die Seen blitzten und hinter den Wäldern ein Leuchten in der Luft lag, das wieder See und Strom,

Uferstille und unbegrenzte Ferne verhieß, als Roß und Reiter noch einmal eins geworden waren im stürmischen Bewußtsein ihrer Freiheit, da schien es, als solle der Steintraum der Stadt und ihrer Not von dem Manne absinken; aber zu fest schon war seine Sache sein Leben, war der Kampf der Zeit seine Sache geworden. Er stellte sein Pferd in einem Gasthofe am Ende der Stadt ein, durch die er achtlos gesprengt war, und bestieg die Terrasse von Sanssouci; oben, bei in der Mitte geöffneten Fenstern, tafelte der König. Die Wache ließ Tschech, der, um sein Verlangen bemerkbar zu machen, ein neu ausgefertigtes Gesuch emporhielt, nahe heran; wie alle seine Vorfahren, so spürte auch Friedrich Wilhelm IV., trotz des Wandels der Zeiten, kein Bedürfnis, sich von Waffen schützen zu lassen. Durch ein Seitenfenster sah der Wartende des Königs vom Sprechen gerötetes Gesicht und neben ihm das weiße Haupt des Herrn von Humboldt; das Licht funkelte über dem bunten Kreis der Offiziere und Damen und in dem Glase, das der König mit einigen heitern Worten in seiner beschwingten Art eben erhob. Doch da trat der Adjutant heraus, Tschech nach seinen Wünschen zu fragen und ihm auf einfach-menschliche Art, die nicht verletzen konnte, zu bedeuten, daß er einen ungünstigen Tag getroffen habe und besser daran tun würde, dem Adjutanten seine Papiere zu überlassen, die nun gewiß und im geeignetsten Augenblick in die Hände des Landesherrn gelangen sollten. Graf Brühl sprach in so wohlwollendem und zuversichtlichem Tone, daß der Bürgermeister seinen Groll schwinden fühlte; dennoch beschloß er auf dem Heimritt, sich zugleich an Herrn Humboldt, der als ein freisinniger Mann bekannt war, zu wenden, was er am selben Tage noch tat.

Die Antwort des berühmten Gelehrten erfolgte bald und war verneinend: er könne in dieser Sache nichts tun; doch vom Könige blieb sie aus; noch fand Tschech Tage oder Stunden der Sammlung, da er, seine Tochter an der

Seite, den Blick über die Dächer schweifen ließ, die, ungleich, steigend und fallend, einander in stummem Streite zu übertreffen und zu verdrängen suchten und doch alle überwölbt wurden von dem einen unmeßbaren, durchfunkelten Raum. Was aber an solchen Abenden als wesenlos erschienen war, zeigte sich folgenden Morgens als einzige Wirklichkeit, über der das Große und Weite in Schein zerflossen; den vereinigten Ausschüssen gegenüber hatte sich die Regierung als Meisterin erwiesen, so daß diese bejahen mußten, was gefordert wurde, ohne eigene Wünsche vertreten zu können. Die Not und die mit ihr wachsende Erregung zogen den Bürgermeister immer tiefer in das gestörte, unmutige Leben der großen Stadt; er hatte Myrrha verkauft und trug nun die bescheidenen Kostbarkeiten seines Silberschrankes Stück um Stück zum Altwarenhändler; noch hielt ihn ein eigensinnig bewahrtes Vertrauen auf seinen Anspruch davor zurück, die Wohnung mit zwei Zimmern zu vertauschen, wie es die Klugheit geboten hätte. In den Vereinen, die der Grollende nun häufiger besuchte, hörte er die Klagen und den Hohn der Unzufriedenen an; entschiedener noch, als gegen den König, dessen weichere Art geahnt wurde, richtete sich der Unwille gegen dessen Bruder, den Prinzen von Preußen, den die Feindschaft der Demagogen, aus altem Hasse den Edelmann in ihm witternd, mit allen mißliebigen Eigenschaften ausgestattet hatte. Tschech verhielt sich meist schweigsam; nur Elisabeth hörte zuweilen die Äußerungen eines tiefen, im Innern fortwachsenden Grolls; da ihr Leben aber allein durch ihren Vater und in der Gemeinsamkeit mit ihm Wirklichkeit war und die Dinge und Geschehnisse der Welt keinen Zutritt zu ihr erlangten als durch ihn, so konnte es ihr nicht in den Sinn kommen, solche Worte als verwerflich oder auch nur als gefährlich zu betrachten; vielmehr war sie des festen Glaubens, daß ihr Vater in einem jeden Falle im Rechte sei und ein jeder seiner Gegner im Unrecht.

Während sich so im Innern vieles vorbereitete und den verschlossenen Mann selbst tief in der Nacht Gedanken beschäftigten, an denen niemand teilhaben sollte, ruhte das Schicksal noch eine Weile; endlich, acht Monate, nachdem Tschech in Sanssouci gewesen, fand er, als er von einem Gang durch die Straßen zurückkehrte, einen Brief des Königlichen Kabinetts auf seinem Schreibtisch. Er wechselte, wie er es gewohnt war, seine Kleidung, setzte sich ruhig an den Tisch und öffnete das Schreiben, das kurz war, aber die eigenhändige Unterschrift des Königs trug: es verbleibe bei dem durch das Kabinett an den Bürgermeister Tschech ergangenen abschlägigen Bescheid. Ebenso ruhig, wie er ihn geöffnet, faltete Tschech den Brief wieder zusammen; ein einziger Satz nur, in dem er sich auf eine sonderbare Art dem Könige als Gleichberechtigter gegenüberstellte, verriet, mit der Andeutung eines dunkeln Entschlusses, die Wirkung der Antwort: «Friedrich, das hättest du nicht tun sollen»; und der Bürgermeister sprach diese Worte in jenem feierlichen Tone aus, der mit seinem getragenen, oftmals fast pathetischen Wesen in Einklang stand. Wie um sein Gewissen zu beruhigen, erließ er noch zwei Gesuche, an die Königin und den Prinzen von Preußen, die, wie vermutet, ablehnend erwidert wurden mit den übereinstimmenden Begründungen, daß es weder der Empfänger Befugnis noch Wille sein könne, in die Angelegenheiten oder Entschlüsse des Königs einzugreifen; eine letzte Bitte um Anstellung bei dem Berliner Magistrat wurde ebenfalls abgeschlagen. Um diese Zeit, da das Leben Tschechs wieder einbog in die Fahrbahn des Schicksals, ward auch die von den Storkower Behörden gegen ihn angestrengte Beleidigungsklage verhandelt; das Urteil lautete auf zwölf Tage Gefängnis. Tschech nahm es gefaßt hin, als solle nun erst das ganze Unrecht der Welt durchlitten und zu Ende gebracht werden, damit dann das mit harten Opfern erkaufte Zeitalter des Rechtes anbreche; da aber eben seine Pflegetochter erkrankte, so ersuchte er um Aufschub, der ihm auch gewährt wurde. Gemeinsam mit Elisabeth pflegte er das Mädchen; wenn er an ihrem Bette saß, den Atem der Kranken überwachend, und die Stadt draußen sich nur verworren vernehmen ließ wie ein murrendes Tier, so löschten Sorge und Anteil die Härte seiner Züge aus; zu andern Stunden jedoch brach die Glut aus ihm hervor, und er liebte es dann, mit mächtiger Stimme die Worte des Dichters zu wiederholen von den Grenzen der Tyrannenmacht und den in den Sternen hängenden ewigen Rechten, die der Mensch sich getrosten Mutes herunterhole. – Die Genesene kehrte nach Storkow zurück; obwohl sie so wenig wie Elisabeth einen eigenen Anteil gefordert hatte an der Gemeinschaft, weil es beiden durchaus genug war mit den Meinungen und Entscheidungen des Vaters, so fühlte er doch die Leere schmerzlich; er entschloß sich nun, das Hausgerät zu versteigern und die Wohnung zu verlassen; eine letzte Nacht noch hörte er, in dem allein noch bewohnbaren hinteren Zimmer, eng an die Tochter gelehnt, den tiefen Schlag der Uhr, deren Stundenvorrat, zum mindesten für den bisherigen Besitzer, abgelaufen war; und es kam ihm dabei in den Sinn, wie oft und erschütternd er dieses letzte aller Geheimnisse, den Ablauf der Zeit, im Traume erlebt hatte. Doch war der folgende Morgen noch trüber als die beiden erwartet hatten; statt der gefürchteten und doch erhofften Menge fremder Menschen stellten sich nur zwei Käufer ein, so daß der Auktionar die Versteigerung vertagte und das Geräte in einen öffentlichen Versteigerungsraum schaffen ließ; während Elisabeth das gemietete Zimmer in einem andern Stadtteil bezog, trat Tschech, noch am selben Tage, seine Gefängnisstrafe an.

Es muß in diesen Tagen, da er eine nach seiner Meinung unverdiente Strafe verbüßte und nicht wieder auszulöschende Schmach erlitt, sich in Tschech die letzte Loslösung vom öffentlichen Leben, seinen Normen und

Gepflogenheiten vollzogen haben, die eine so ungeheuerliche Tat wie die seine allein verständlich macht; der Zurückgekehrte trug in seinem Gesicht die Zeichen eherner Entschlossenheit. Grell auflachend suchte er nun aus seinem Gedächtnis die tönenden Worte hervor, mit denen der König seit vier Jahren eine Zeit der Ordnung, des Friedens, des Wohlstandes, der Gerechtigkeit angekündigt hatte; furchtbarer aber erbitterte ihn nichts, als die machtvollen Sätze, mit denen Friedrich Wilhelm IV. noch einmal seinem Volke die Erhabenheit der Krone deutlich hatte machen wollen. Daß der König davon durchdrungen war, von Gott berufen zu sein, dies dünkte Tschech ein ungeheurer Frevel; er wiederholte dann wohl die Worte «meine Krone habe ich von Gott und wehe dem, der sie antastet»; und fügte knirschend hinzu: «Ich werde sie ihm zerdrücken». Der König ward für den Aufrührer zum Träger zu Unrecht angemaßter, durchaus widergöttlicher Gewalt, während dieser selbst der Überzeugung zu sein schien, daß ihm von Gott der Auftrag erteilt worden sei, diese geraubte Gewalt dem Herrscher wieder zu nehmen.

Er verbrachte nun ganze Tage auf der Straße, zumeist im Umkreis des Schlosses oder der andern Sitze des Königs; da noch niemals, solange das Geschlecht die Krone trug, ein Anschlag auf den Landesfürsten ausgeführt worden war, hegte auch niemand Argwohn; es ward Tschech ein leichtes, die Schloßhöfe zu betreten und dort, unter der Maske des Bittstellers, mit den Gardisten über die Lebensgewohnheiten des Königs, die Stunden seiner Ausfahrt und Rückkehr zu sprechen, seine Reisepläne auszumitteln. Gierig schlürfte er ein jedes Zeichen der Verstimmung oder der Unzufriedenheit ein; er hörte davon, daß einige Offiziere revolutionärer Umtriebe verdächtig seien, und fühlte eine wilde Freude in sich aufzucken; mit Bettlern und Umherlungernden begann er Gespräche, die nach wenigen Worten schon in die gärende Mitte der Zeit stießen; mit den

Fremden, die in immer größerer Zahl durch die Straßen strichen und sich oft nur mühsam, in stark östlichem Tonfall, verständlich machen konnten, wußte sich Tschech nach wenigen Worten eins. Ward es bekannt, daß der König Gäste empfangen, eine Jagd veranstaltet, einen Prinzen oder einen Offizier beschenkt oder ausgezeichnet hatte, so schoß der Haß in hellen Flammen auf; wo das Gerüst einer Kirche stand, Häuser niedergelegt wurden, um Platz für Museen zu schaffen, Denkmäler emporwuchsen, wo immer der Bauwille Friedrich Wilhelms erschien, der das Bauen als ein königliches Vorrecht mit Leidenschaft und einer gewissen Unruhe betrieb, nährte der Empörer seinen unheilbaren Groll.

Wiederholt begegnete er dem Könige; ja, es schien ihm, als ob Friedrich Wilhelm ihm eigens entgegenfahre, seinen Grimm zu reizen oder sein Vorhaben zu verhöhnen; Tschech sah den Landesfürsten, die Königin an der Seite, über die Lange Brücke fahren und blieb starr und finster, wie ein Denkstein, stehen, während die Umstehenden sich verneigten; er sah an einem späten Herbsttage, da ihn seine Unruhe bis nach Charlottenburg gehetzt, den Monarchen hinter den Gittern des Parks in lebhaftem Gespräch auf und nieder gehen: einen stattlichen, beleibten Mann in blauer Uniform, der, auf einen Stock gestützt, schon etwas schwerfällig über die Kieswege schritt, während sein Kopf sich um so rascher bewegte und das Lachen und die schnellen Antworten seiner Begleiter ihm das Feuerwerk seines Geistes zurückgaben. Und wieder, an einem stillen Mittag, als die Sonne des fast entschwundenen Jahres noch einmal zurückzukehren schien und Tschech, seines Grübelns müde, versuchte, in die Landschaften seines vergangenen Lebens einzudringen, hörte er hellen Hufschlag auf der leicht gefrorenen Straße: im Wagen saß der König allein, mit jenem Anflug von Heiterkeit und Beschwingtheit, der nur den Eingeweihten eine durchstürmte und oftmals umschattete Seele verbarg; ein Kind sprang herzu und auf das Trittbrett, dem Monarchen die Hand zu küssen; er wehrte es lachend ab, ließ es endlich geschehen: «Beiße mich nicht!» rief er dazu und warf, als er schon halb vorüber war, ein paar Münzen zurück.

Tschech sah allein seine Tat und deren Bedeutung; ihm sei es aufgetragen, erklärte er seiner Tochter, «einen Akt der Bestrafung» zu vollziehn für getanes Unrecht, nicht gehaltene Versprechen; wenn es ihm auch nicht gelänge, die bestehende Herrschform zu stürzen, so werde er doch eine Bresche schlagen, durch die andere vorstürmen würden; zum mindesten aber werde er die Herrscherfamilie wegen ihrer Überheblichkeit verwarnen und dem künftigen Landesherrn eine bedeutsame Lehre geben; für ihn war der König, wie tief er ihn haßte, nur ein Amt, kein Mensch; sein Grimm und seine Leidenschaft benahmen ihn, in Gemeinschaft mit den wirren Theorien seiner Zeit, durchaus der Fähigkeit, sein Vorhaben als ein Verbrechen am Staate, oder auch nur an einem einzelnen Menschen oder einer Familie zu begreifen. Auf dem Tempelhofer Feld, wo der König vor einigen hohen Gästen die Parade abnahm, wußte Tschech im Anblick der gewaltigen, langhin blitzenden Reihen, deren erstarrte Kraft auf ein einziges Wort sich löste und wieder zusammenschloß, nichts vom Staate, nur von der Not; der ganze geformte, zusammengeballte Wille seines Volkes war für ihn nur frevelhafter Aufwand des einen, der, an den Reihen hinreitend, sich im Glanz der Waffen sonnte und mächtig wußte.

Im Gefühl der bevorstehenden Entscheidung schloß der einstige Bürgermeister in ein paar Tagen das Manuskript ab, mit dem er sich in den vergangenen Jahren beschäftigt hatte; als er wieder in den Schloßhof kam, erfuhr er, daß König und Königin zu verreisen beabsichtigten, bald darauf ward der Termin verkürzt; es blieben noch zwei Tage. Am vorletzten stand Tschech schon von früher Morgenstunde an im Schloßportal; er war fest entschlossen, den Monarchen zu erwarten, um ihn gleichsam noch ein letztes Mal vor das Forum des Gerichtes zu ziehen, ehe das Urteil vollstreckt wurde. Der Wagen fuhr auch früher vor, als es Gebrauch war, denn der König pflegte sonst vor gehaltener Beratung das Schloß nicht zu verlassen; indem der Wartende finstern Blickes Decken und Polster des Wagens musterte und das ungeduldige Stampfen der Pferde ihn unter einem stechenden Schmerz an Myrrha erinnerte und die Freiheit, die er einst auf dem Pferde durchjagt, stellte sich eine Dame in Trauer neben ihn, eine Bittschrift haltend. Die Königin, eine zarte, kränkliche Frau, schritt rasch und anscheinend erregt auf das Trittbrett zu, an der Bittstellerin vorüber, die sich tief niederbeugte und zurückwich; nun trat der König hinter dem Pfeiler hervor, so nah, daß Tschech das leise Knarren seiner Stiefel hörte und ihm, als der Herrscher sich rasch zu der Verschleierten wandte, in die hellen Augen sah. Es war, als wolle der König die Bittschrift annehmen, doch ein Gedanke, vielleicht auch das Gefühl, daß die Königin schon ungeduldig warte, durchkreuzte die Absicht; er zog die halb ausgestreckte Hand zurück, zögerte noch einen Augenblick, während ihm ein Schatten der Unentschlossenheit über die Stirn lief, rief der Dame ein «Kommen Sie morgen!» zu und trat dann in den Wagen, der tief in die Federung sank und gleich darauf eilig über das Pflaster rollte. – Tschech hatte keinen Blick von der Szene gewandt; eine Wut stürmte in ihm auf, derengleichen er noch nicht gefühlt; er verwünschte sich, keine Waffe mitgenommen zu haben, hörte zugleich noch die Worte des Königs, in denen er den verhaßten Tonfall Potsdamer Gardeoffiziere zu erkennen glaubte; ihm erschienen die Abweisung der Bittschrift, die Vertröstung auf den andern Tag, an dem der König doch in der Morgenfrühe verreisen wollte, als ein maßloser Frevel; «Gerichtet», stieß er hervor, und er empfand dieses Wort mit einem Schauder wie einen Blitz, der durch ihn hindurch, aber nicht in ihm entspringend, von den Höhen herab auf die Erde zuckte; dann, im Gehen schon, wendete er sich noch an die Verschleierte: der König verreise morgen zu früher Stunde und wahrscheinlich für lange Zeit; er rate ihr, an diesem selben Platze, wo sie heute abgewiesen worden, sich rechtzeitig einzufinden.

Das Gefühl der Erhabenheit seiner Aufgabe, ja seines ganzen Lebens durchwallte ihn nun mächtig; wie ein unerkannter Herrscher schritt er durch die besonnten Straßen, gewiß, daß ihm einst Stadt und Volk zu danken haben würden, daß man sein Bild hier errichten, aber weit herzlicher und stürmischer verehren werde als die Denkmäler tyrannischer Könige; er sah seine Erzgestalt an derselben Stelle sich erheben, wo der Vater des Königs ein einfach-menschliches Erinnerungsmal gefunden hatte: vor dem Tyrannenvertreiber lagen zerrissene Ketten; sein Fuß trat auf eine Krone. In dieser Stimmung betrat er die Werkstatt eines Daguerreotypisten, der es erst vor kurzer Zeit gewagt hatte, den Kampf mit der Malerei aufzunehmen und sich reichlich belohnt fand; Tschech wünschte ein Bild seiner ganzen Gestalt. Während der etwas umständlichen Zurüstungen blieb der Bürgermeister, der erst erregt auf und nieder gegangen war, vor einer Büste des Königs stehen, die in einer Ecke des lichtdurchfluteten Raumes stand; lange betrachtete er die hohe Stirn, die eigentümliche Mischung von Stolz, Lebensfreude und verborgener Wehmut in dem vollen Gesicht, das dem Beschauer nur als die eitle Maske eines Verbrechers erschien; dann, den rechten Arm hochreckend, den linken vor die Brust legend, begann Tschech den Tellmonolog zu deklamieren. In dieser Stellung ließ er sich auch aufnehmen; doch da er Bedenken hatte, daß das erste Bild nicht ganz den gewünschten Ausdruck zeige, ließ er ein zweites anfertigen, indem er die rechte Hand noch entschiedener hob und den Blick nach oben richtete, dabei die dem Photographen, der ihn für einen Schauspieler halten mochte, nur halb verständliche Bemerkung machend, daß er die «Kraft von oben» erflehen und ausdrücken wolle.

Am selben Abend, nachdem er sich noch für seine zwei Pistolen eine neue Doppelpistole eingetauscht, holte er die Bilder ab, verschnürte das eine, mit dem Manuskript zusammen, in einem Paket, das er an den Leipziger Verlag Brockhaus adressierte, während er das andere, ohne daß Elisabeth es bemerkte, in einem Kästchen versenkte, in dem einige Papiere aufbewahrt waren. Es blieben nun noch ein paar stille Stunden; beide fühlten, daß es die letzten waren; der Vater hatte, in wieder aufkochender Erregung, von der Szene vorm Schloß gesprochen und seinen Unmut ausgedrückt, keine Waffe zur Hand gehabt zu haben: dann wäre der König nicht lebend von der Stelle gekommen. Das Mädchen machte auch jetzt nicht den geringsten Versuch, ihn von seiner Tat zurückzuhalten; sie fühlte den Entschluß, wie alles was der Vater bisher getan, als unausweichliche Notwendigkeit, einfache Folge dessen, was sie seit Jahren, ja seit Beginn ihres Daseins erlebt, was sich im Stillen und Innern, unablässig wachsend, vorbereitet hatte und zugleich von außen gebieterisch gefordert wurde. Sie, der kein Mann etwas bedeutet hatte, außer dem Vater, und die auch nie den Wunsch nach einer Begegnung gefühlt, sah in ihm den Helden, dessen Wille uneingeschränkte Geltung hatte, den Bereiter einer neuen Welt. Wie diese Welt beschaffen sein sollte, darüber hatte sie sich noch kaum Gedanken gemacht, auch von ihrem Vater wenig oder nichts darüber vernommen; ihr genügte es, daß er dahin Führer war. Auch über das Dunkle, das nun kommen mußte, den lauernden Schrecken, riß sie das Gefühl eines Heldentums hinweg, dem sie durch ihr Blut angehörte; sie hatte kein anderes Bild des Mannes, des Lebens, weltlicher Ordnung empfangen, als dieses eine, und gehörte ihm bedingungslos an, indem sie es ausstattete mit allen unverbrauchten Kräften ihres Herzens. So verbrachte sie die letzte Nacht in seiner Nähe, stumm und erfüllt, das Schicksal fühlend, das zu groß, vielleicht auch zu herrlich war, als daß sich eine Hand hätte dawider erheben dürfen; sie sah ihn gehen, unfähig, ihm nachzublicken, wie sonst, und wissend, daß auch er an diesem Tage nicht zurückblicken werde, so wenig wie er fähig war, zurückzugehen; sie sah nur Heldentum, künftigen Ruhm und Notwendigkeit und hatte kein Gefühl des geschehenden Verbrechens.

Der Himmel war hell; Tschech sah ihn einen Augenblick über der engen Schlucht der Häuser stehen in der strahlenden Lichttiefe des Morgens, durch die sich die Schwalben stürzten; das Mächtige, das den zu seiner Tat Schreitenden am vergangenen Tage ergriffen hatte und das er als einen Ausfluß des Göttlichen gefühlt, blieb ihm gegenwärtig. Als er das versiegelte Paket dem Beamten im Posthause übergeben hatte, hörte er die letzte Schranke fallen; es blieben nur Ruhm oder Hohn. Im Schloßhof war ein Laufen und Kommen; hohe Staatsbeamte und Offiziere begegneten Dienern, die einen Gepäckwagen beluden; Tschech nahm seinen gestrigen Platz hinter dem Pfeiler des Portales ein, indem kam auch die Dame in Trauer, die ihn mit einem dankbaren Blick begrüßte; dann rollte der Reisewagen heran und hielt an der gewohnten Stelle. Der Wartende sah haßerfüllten Blicks in den Blitz, den die kleinen vergoldeten Kronen an Schlag und Lehne warfen; er maß die Stelle ab, die der König einnehmen würde, den Weg, den er selbst dahin machen, die Bewegungen, die er ausführen müßte. Mit Genugtuung bemerkte er, daß sich dem Portal gegenüber eine Menschengruppe zusammengefunden hatte, die der Abfahrt des Landesherrn zusehen wollte. Wieder trat die Königin als erste aus dem Portal, während im Torweg die Stimme des Monarchen schallte, der einem Hofbeamten eine Anweisung gab und sich dann mit einem Scherz von ihm verabschiedete; nun zuckte der Diener am Wagenschlag zusammen; im weiten dunkeln Reisemantel, der seine Uniform fast völlig verdeckte, erschien der Verurteilte. Er mochte die Bittstellerin schon auf dem Wege bemerkt haben, nahm die dargebotene Schrift entgegen und reichte sie einem aus dem Schloßinnern herzulaufenden Diener, der sofort zurücktrat; dann stieg er unter ein paar Worten, die ein Lächeln über das blasse Gesicht der Königin warfen, mit leise gewollter Umständlichkeit ein, worauf der Lakai den Schlag schloß und sich neben dem Kutscher auf den Sitz schwang. Als Friedrich Wilhelm, dessen Gesicht voll von der Sonne beschienen war, sich fester in den Mantel hüllte, ihn vor der Brust zusammenfaltend, und mit einem kurzen Wort den Befehl zur Abfahrt gegeben hatte, worauf die Pferde eben anziehen wollten, sprang Tschech herzu, die Pistole aus seiner Tasche reißend, das Trittbrett nehmend, mit der Linken sich am Schlage haltend, mit der Rechten feuernd, wobei er den ersten Schuß noch in der Bewegung, in unmittelbarer Nähe des Königs abgab, bei dem zweiten aber diesem das Rohr auf die Brust drückte. Die Pferde schlugen das Pflaster, rissen an, sofort stand der Wagen wieder; ein Dutzend Hände packten von hinten den Attentäter, indes von allen Seiten ein Laufen und Schreien anhub; im nächsten Augenblick riß den Königsmörder das Menschengewoge fort; noch sah er, blitzhaft, die unendliche, helle Bläue des Himmels, in die eine leichte Wolke aufstieg; dann, unter niederprasselnden Flüchen und Schlägen, fühlte er nichts als seinen unerhörten Triumph.

Der Prozeß entwickelte sich rasch, da Tschech nichts zu verbergen, nichts vorzutäuschen hatte und völlig allein stand; zuweilen schien es während der ersten Verhandlungen, als ob der Angeklagte in die Ferne lauschte in der Erwartung eines Sturmes, dessen erste Anzeichen nicht ausbleiben konnten; oben in seiner Zelle, die noch einen freien Blick gewährte über das Spree-Ufer hin und die Häuser jenseits des Flusses, stand er lange am vergitterten Fenster, das stets zu den selben Zeiten erfolgende Aufflackern der abendlichen

Lichter erwartend, seltsam berührt von dem Frieden des Lebens, das dort drüben fortging, ungestört, als seien keine Schüsse gefallen vor dem Schloß, keine Stürme im Anzug; dann blieb er wohl stehen, bis der Fluß völlig dunkel geworden war und die Lichter aufnahm, eine Weile sie trug und, zu den gewohnten Zeiten, von dem einen nach dem andern verlassen wurde. Sobald Tschech aber unten im Verhandlungssaal, am obern Ende des Tisches stehend, seinen Blick richtete auf den vor dem Richter ausgebreiteten mehrfach durchlöcherten Mantel des Königs, zeigte er jene starrsinnige Festigkeit, die keine richterliche Drohung, kein geistiger Zuspruch auch nur zu dem geringsten Anzeichen von Reue bewegte. An dem Tage indessen, an dem man ihm endlich mitteilte, daß der König durch eine wunderbare Fügung gerettet worden sei, ja auch nicht die geringste Verwundung davongetragen habe, weil die erste Kugel das Ziel verfehlt, die zweite aber sich im Mantel und der wattierten Uniform verfangen habe, an diesem Tage schien der Gefangene zum Entsetzen der Richter zu zerbrechen: «O Gott», rief er aus, «ich fühlte mich meiner Sache doch so sicher!» Er stürzte auf seinen Stuhl nieder, verbarg sein Gesicht und beantwortete keine Frage mehr. In der Einsamkeit der Zelle jedoch gewann er in der folgenden Woche seine alte Festigkeit zurück; mochte es etwas dazu beigetragen haben, daß der Gefängnisbote, den er ausgeschickt hatte, ihm für das zugestandene Tagesgeld Tabak zu holen, das Geld mit dem Gewünschten wieder zurückbrachte und bestellte, es sei dem Zigarrenhändler eine Ehre, einem Verteidiger der Freiheit zu dienen; Tschech errang sich den Glauben an die beispielgebende Kraft seiner Tat, seines Leidens und sprach es bald, als von der zu erwartenden furchtbaren Strafe die Rede war, offen vor den Richtern aus, daß er seinen Tod nicht vergeblich sterben werde und der kommende Tag der Rache nicht aufzuhalten sei. So schien die Sache völlig entschieden; auch wenn der verabscheuungswürdige Charakter des Verbrechens dies nicht verboten hätte, konnte doch nicht der Versuch gemacht werden, einen Verbrecher zu retten, der selbst dazu nicht die geringste Anstalt machte; allein der König zögerte noch. Zu wiederholten Malen empfing er den Gerichtspräsidenten Kleist, mit ihm über Tschech zu konferieren; dann, als ihm jener nicht geeignet schien, einen so ungewöhnlichen Vorfall mit der nötigen Freiheit zu betrachten, beauftragte Friedrich Wilhelm einen der ersten Prediger Berlins, den Gefangenen zu erforschen, doch konnte auch dieser nicht mehr und nichts Besseres berichten, als in den Akten stand. Überzeugt, daß die wesentlichen Entscheidungen dieser Welt nicht erzwungen werden dürfen, sondern sich still heranbilden müssen, und daß es vor allem die Aufgabe des Königs sei, diesen Entwicklungsprozeß zu Ende gelangen zu lassen und den Raum freizuhalten, in dem sich Gottes Wille auf Erden erfüllen soll, verschob Friedrich Wilhelm auch jetzt, nach seiner Gewohnheit, die Bestätigung des gefällten Todesurteils, bis endlich, bei dem Aufsehen, das das Attentat erregt hatte, der geheimen Unruhe des In- und Auslands, die dadurch mächtig angetrieben worden war, dem wachsenden Erstaunen der königlichen Familie, des Hofs und aller treuen Anhänger der Krone die Entscheidung nicht mehr zu umgehen war und der König, den der geforderte Entschluß immer schwerer bedrückte, für eine Dezembernacht den Staatsrat zusammenrief.

Wenige Stunden vor der angesetzten Zeit ließ der Prinz von Preußen, das vornehmste Mitglied des Staatsrats, seinen königlichen Bruder um eine Audienz bitten. Der König empfing den Thronfolger, an seinem Tische sitzend, auf dem Stiche nach Gemälden Raphaels und einige Blätter mit italienischen Landschaften im romantischen Stile ausgebreitet waren; auch während der ersten Sätze des Prinzen Wilhelm glitt der Blick des Monarchen über die im Lichtkreis der Lampe still leuchtende Schönheitswelt; als der Thronfolger mit Entschiedenheit erklärte, daß er, wie hoffentlich alle Mitglieder des Staatsrats, unnachsichtlich für die Vollstreckung des Todesurteils eintreten werde, weil sowohl die Liebe für die Majestät des Königs wie die Pflicht gegenüber der bedrohten Krone es forderten, kehrte Friedrich Wilhelm rasch in die Wirklichkeit zurück. Er verstehe wohl, daß der Prinz gekommen sei, ein Einverständnis im voraus zu sichern, nachdem man schon in manchen Kreisen unruhig geworden sei über die Verschiebung; ja den ganzen furchtbaren Vorfall für ein Symptom dafür nehmen wolle, daß die Krone in Gefahr sei; er, freilich, denke, wie so oft, auch in dieser Sache anders: niemals noch sei klarer erwiesen worden, als durch diese auf natürlichem Wege kaum erklärbare Errettung der Person des Königs, daß dieser unter unmittelbarem Schutze Gottes stehe und von niemand verletzt werden könne ohne den Willen des Herrn; daß die ganze geifernde Wut der Zeit, der Haß der Verräter und Mißleiteten wirkungslos vor dem Throne zerschäume: eben weil nicht Menschen und Gesetze diesen schützten, sondern Gott. Dies alles habe ihn, den König, nicht erschüttert oder auch nur in Erstaunen versetzt, vielmehr in der Überzeugung bestätigt, mit der er den Thron bestiegen und seinen Weg gehen werde durch die Zeiten der Verwirrung hindurch, der Liebe seines Volkes nach wie vor gewiß, bis das Große und Echte wieder errichtet und die neue Ordnung begründet sei; ihn habe ein anderes ergriffen und ergreife ihn noch in diesem Augenblick bis in das Innerste seiner Seele; daß dieser Mann unbewegt bei dem Glauben beharre, Recht getan zu haben und, wenn das Gesetz etwa erfüllt werden sollte, sterben würde, ohne das Gesetz zu erkennen.

Vielleicht ging jetzt erst dem Prinz von Preußen, der es gewohnt war, vom Glauben und vom Gesetz einen geraden Weg bezeichnet zu finden und diesen unbeirrt zu gehen, die ganze geheime Not seines Bruders, die furchtbare Abgründigkeit des Falles auf, der in wenigen Stunden in letzter Instanz verhandelt werden sollte; er sah lange schweigend nieder, sich in sich selbst zu finden, betroffen von der Entdeckung, daß, wenn auch nur in einem ungewöhnlichen, rätselhaften Falle, Recht nicht Recht sei; dann siegte in ihm der Staat, für den er lebte und der in ihm lebte, dessen Bild er sein sollte vor der Welt. Das Gesetz lebe in allen, nicht im Einzelnen, erwiderte er endlich; es sei klar wie der Tag, nur den Verblendeten und Verbrechern nicht sichtbar; es auf Erden rein zu erhalten, habe Gott seinen Sachwaltern als unverletzliche Pflicht aufgetragen, die Bekehrung der Verblendeten aber sich selber vorbehalten. Doch der König wich nicht zurück: dieser Mann, und das sei das Furchtbarste, sei nicht ohne Glauben, meine er doch, was ganz ohne Beispiel sei, unter dem Gebote Gottes gehandelt zu haben, als er die Pistole erhob; und als der Prinz einwarf, daß die Zeugenaussagen, vornehmlich die aus Storkow, keineswegs günstig lauteten, brauste Friedrich Wilhelm auf: Schreiber hätten so ausgesagt, Schreiber und Beamte, die nichts vom lebendigen Menschen, vom Gesetz und vom Glauben wüßten; sie auch trügen, neben den verborgenen Wühlern und der falschen Bildung der Zeit, die Schuld an der Tat, weil sie dem Fürsten das Bild dieses Mannes verfälscht hätten, statt diesen zu ihm zu führen; zwischen dem König und dem Untertan sei keine andere trennende Macht als der Schreiber; nur könne er Tschech, nachdem dieser sich auf solche Weise vergangen, nicht mehr vor sich lassen, wie es ihn eigentlich dränge; das Gesicht des Mannes aber stehe noch vor seinen Augen: es sei nicht das eines Verbrechers; und es falle ihm, dem Könige, als eine furchtbare Last auf die Seele, Tschech töten zu sollen eines völlig ergebnislosen Anschlags wegen; vergeblich habe er, wie auch die Königin, in den vergangenen Wochen zu Gott gefleht, diese Last von ihrer Seele zu nehmen; vielleicht wäre es ein leichtes, zu entscheiden, wenn das Attentat auf einen andern verübt worden wäre; da es aber ihm selbst gegolten, dem Gott seine Gnade sichtbar erwiesen, so fühle er sich, mit allem, was menschlich in ihm sei, versucht, wieder Gnade walten zu lassen. – Der Prinz erwiderte ernst: Der Wille des Königs sei oberstes Gesetz; beistimmen könne er ihm jedoch in der bevorstehenden Sitzung des Staatsrats nicht; er spreche allein für die Krone. Niemand habe Gott inniger gedankt, daß er die geheiligte Person des Landesherrn in seinen Schutz genommen habe, als er, der Prinz; wer aber wollte deshalb den Nachfolgern, die vielleicht nicht im selben Maße begnadet würden, den Schutz des Gesetzes entziehen? Da, nach dem unerforschlichen Willen des Herrn, der König selbst keine Söhne habe, so sei es seine, des Prinzen, Pflicht, an seinen eigenen Sohn zu denken, der einst, in der von Gott bestimmten, hoffentlich noch fernen Zeit, den Thron als Nachfolger seines königlichen Bruders besteigen solle; ihm wünsche er eine fest gegründete Herrschaft; Tschech sei der erste, vielleicht noch nicht völlig zerstört von der Zeit, aber doch schon bis in die Tiefe des Rechtsgefühls von ihr verwirrt; andere würden ihm folgen; er sei ein Sturmvogel, vielleicht an eine Küste verschlagen, die er nicht gesucht; vielleicht auch würde in diesem ersten noch Menschentum mit dem Verbrechertum vernichtet, doch öffne er, wenn er nicht falle, allen Zerstörern den Weg. Hinter ihm dränge die völlige Verwirrung heran. Wer aber heute einen solchen, der vielleicht noch im Zwielicht des Guten und Schlimmen stehe, nicht zu vernichten wage, der könne schon morgen vernichtet sein. Auch das sei Gottes Wille, daß der König sich schütze um des Auftrags willen, der ihm geworden; denn durch die Krone allein strahle das ewige Recht nieder auf die Erde; was aber die Gnade betreffe, so wolle es ihm, dem Prinzen, scheinen, daß Gott selbst einem Monarchen die Freiheit, sie zu gewähren, nur selten verliehen, vielmehr sich selbst vorbehalten habe, die Erwählten zu schützen, die Verworfenen aber durch seine Diener richten zu lassen, denen er das Schwert der Gerechtigkeit überantwortet habe. Das Schwere allein sei deren Amt auf Erden; und um dieses Amtes willen habe er gesprochen.

In seiner offenen Art erwiderte der König, daß er noch einen letzten Versuch machen wolle, um den Attentäter wenigstens zur Einsicht seines Verbrechens zu bewegen; er werde den Prediger in die Hausvogtei schicken und dessen Bericht abwarten. Wenn aber auch dieser Versuch mißlinge? fragte der Prinz. Der Monarch sah lange auf die Scheiben, hinter denen die Nacht sich gesammelt hatte: «Gott wolle es nicht. Ich mag meinetwillen keinen töten lassen, der meines Volkes ist. Und wenn mein Volk mich nicht liebt: warum wäre ich dann noch König? Die Krone müßte mich zerstören bis ins Mark.» Der ernste Soldatenblick des Prinzen traf in die verschleierten Augen seines königlichen Bruders: «Die Besten sind das Volk; der Name seines Volkes ist keinem angeboren, er will erworben sein. Die Besten wollen einen Herrn und wollen ihn achten; sie bringen Opfer und fordern sie; die nur, die nehmen wollen, ohne zu erwerben, empören sich.» Friedrich Wilhelm suchte den Augen des Bruders standzuhalten, dann wandte er sich, ein kaum merkliches Lächeln um den Mund, das vielleicht der Scham über die eigene Schwäche galt; er gab Anweisung, den Prediger in die Vogtei zu schicken; nur halb zum Bruder gewandt erklärte er, daß der Staatsrat eröffnet werde, sobald der Prediger zurück sei. Als der König allein war, suchte er vergeblich in die abgeklärte Landschaft zurückzugelangen, die ihn zuvor umfangen hatte; das düstre Gesicht des Attentäters verdrängte die stillen Züge der Madonnen, die stolzen Häupter erfahrener Fürsten; der Friede umbrischer Hügel und ihrer abgelegenen, der Geschichte endlich entrückten Städte kam nicht auf gegen das Gefühl der heranstürmenden Verwandlung. Nun legte sich der Sturm der Winternacht hart auf das Fenster; der König stand auf, es einen Augenblick zu öffnen, so daß hinter ihm die Blätter vom Tische und durch das Zimmer wirbelten; er sah auf seine Stadt, die sich still unter dem Sturm duckte, mit leeren, schwach erleuchteten Straßen und Plätzen, unverändert und doch dem Element ausgesetzt.

Der Prediger kam und berichtete, daß er Tschech wie bisher gefunden: als einen Mann, für den das Verwerflichste eine gerechte Sache sei; menschliche Kräfte seien an ihre Grenze gelangt; es blieben nur der Glaube und die Hoffnung, daß Gott selbst, vor dem der Verbrecher in wenigen Stunden stehen werde, ihn das Licht seiner Wahrheit schauen lasse. Der König hörte diese Worte schweigend an; zum ersten Mal sah er sich einer Kraft gegenüber, die er nicht begriff, deren Heraufkunft im Plane göttlicher Ordnung er sich nicht deuten konnte; sie stammte aus demselben Volke, das er mit allen Kräften seiner Seele liebte und tief zu kennen glaubte – und er verstand sie nicht. Wieder bäumte sich seine Natur gegen die Notwendigkeit der Entscheidung: ob man nicht Tschech durch harte, verletzende Fragen in diesen Starrsinn gedrängt; ob nicht dennoch die Zeit –? Da trat der Prediger dicht vor den Landesherrn: das Todesurteil sei dem Gefangenen schon verkündet; Tschech sei auf seinen Tod vorbereitet und erwarte nichts anderes; er habe diesen Tod bereits überwunden. So ging der König in den Staatsrat hinüber, wo der Prinz von Preußen noch einmal mit Entschiedenheit die Vollstreckung des Urteils forderte und die Mehrzahl der Räte für sich gewann; als Friedrich Wilhelm die Feder ergriff, das Urteil zu unterzeichnen, schoß ihm ein Tränenstrom aus den Augen; hastig schrieb er seinen Namen, dann, seiner selbst nicht mehr mächtig, eilte er aus dem Zimmer, um in der selben Nacht noch den Ort der verhaßten Entscheidung zu verlassen.

Indes der Wagen des Landesherrn rasch, wie der eines Vertriebenen, durch die nächtlichen Straßen rollte, nach

Charlottenburg hinaus, begab sich im Gefängnis, was Tschech in all den Traumnächten seines abseitigen Lebens zu Storkow im voraus schmerzlich erfahren hatte: er hielt, in der Wohnung des Gefängnisinspektors, seine leidenschaftlich weinende Tochter in den Armen, und fühlte den Ablauf der Zeit; was aber im Traum dumpf verhüllt lag, das leuchtete nun in befreiender Klarheit: er spürte den großen Sinn seines Todes, und auch Elisabeth brach, im letzten zerreißenden Augenblick, als der Präsident von Kleist und die Gerichtsdiener in ihren Mänteln unter der Türe standen und über Treppe und Gang das Rollen des Wagens, der Hufschlag der Pferde schollen, in die gefährlichen Worte aus, daß dieser Tod eines Unschuldigen seine Rächer finden werde. Wenige Stunden darauf betrat Tschech zu Spandau die Bühne, die ihm zu wohl vertraut war, als daß sie ihn noch hätte schrecken können; er versuchte zu den Soldaten und zum Volke zu sprechen, doch verbot ihm der Präsident das Wort, so daß ihm nur das eine Bekenntnis blieb: er freue sich, vor Gottes Angesicht zu treten und von ihm das Recht zu erlangen, das er auf Erden nicht gefunden habe.

Seine Tochter Elisabeth, die, nachdem sie alle wohlmeinende Fürsorge des Königs zurückgewiesen hatte, auf ihrer Flucht in der Schweiz als Tochter eines Märtyrers der Freiheit von den Emigranten mit Begeisterung aufgenommen wurde, veröffentlichte einige Jahre darauf, nachdem der Sturm der unselig verlaufenen Revolution vorüber getobt war, ein Buch über das Leben ihres Vaters, das vielleicht noch merkwürdiger ist als die Manifestationen revolutionären politischen Willens, die etwa um dieselbe Zeit entstanden; denn in ihm ist die Verwirrung aller Rechte und Ordnungen nicht allein durch die Schrift, sondern durch ein Schicksal bezeugt. Es enthält keine Andeutung eines Gefühls für das von Tschech begangene Verbrechen; dafür aber das sonderbare Bekenntnis, daß der Attentäter, unbewußt die tragische Sinnlosigkeit seines Beginnens selber einräumend, für seine hinterlassene Tochter die Unterstützung des Königshauses erwartet habe: womit er denn, um des ihm liebsten Menschen willen über seine Tat und über seinen Tod hinaus den Fortbestand der Ordnung voraussetzte, die er hatte zerstören wollen.

Taganrog

In den scheinbar glücklichen Jahren, die der Niederwerfung Napoleons folgten, machte sich eine sonderbare Veränderung im Wesen des Zaren Alexander I. bemerkbar. Inmitten des Glanzes, der den Zaren als den um diese Zeit wohl mächtigsten Mann der Erde umgab, ließ er dann und wann ein Wort fallen, das Uneingeweihte betroffen machte. Eine sonderbare Müdigkeit, Verlangen nach einer großen, ganz entlegenen Ferne, eine tiefe Trauer dämmerte aus solchen Worten herauf. Es war kaum möglich, auf sie zu antworten; wer es doch versuchte, stand plötzlich wieder dem Selbstherrscher gegenüber, der, ungeachtet so vieler seine Erscheinung verschleiernder Legenden, die gewaltige Macht seines Landes mit fester Hand und kühlen, auf die Weite der Welt gerichteten Blicken verwaltete. Überraschende unglückliche Ereignisse schienen zu dieser Veränderung beizutragen. Einmal, bei einer der großen Paraden, die der Kaiser mit leidenschaftlicher Hingabe zu halten pflegte, hatte ein Adjutant das Unglück, daß sein Pferd scheute, während er dem Zaren einen Bericht erstattete. Der Offizier war mit Rücksicht auf die bekannte, jedoch ungern eingestandene Schwerhörigkeit des Herrschers scharf an diesen herangeritten; Alexander wurde von einem Hufschlag am Bein getroffen; zwar ließ er sich den Schmerz nicht anmerken, aber es suchte ihn von da an ein sich bald steigerndes, bald abschwächendes Leiden heim, das sehr schmerzhaft gewesen sein muß. Es wurde sogar davon gesprochen, daß das verletzte Bein abgenommen werden müsse; der ganze Körper sei von den Folgen der Verletzung ergriffen worden. Indessen behauptete sich der Zar unter der Last seiner Aufgaben, in den schroffen Gegensätzen seines Daseins. Er wendete täglich zwei Stunden auf, um die aus allen Teilen seines Reiches einlaufenden Bittschriften mit seinen Sekretären durchzuarbeiten; an ihnen meinte er, wie er seinen Mitarbeitern gelegentlich andeutete, die Stimmung und geheime Erregung, die Not oder unbestimmte Erwartung seines Volkes am besten ablesen zu können. Gerade in dieser Zeit häuften sich die Gesuche, und er verheimlichte die Bedenken nicht ganz, die sie in ihm wachriefen. Unter allen seinen Geschäften lebte er einsam; immer seltener strahlten die Festsäle der Schlösser auf, fast nie mehr besuchte er die Oper; er zog sich früh zurück. «Schlaf bringt Vergessen», sagte er dann wohl, doch war es seinen Worten anzumerken, daß er keinen Schlaf erwartete. Inmitten prunkvoller Räume beanspruchte er ein mit Leder bezogenes Feldbett ohne Vorhang und Laken; unter seinem Fenster auf dem weiten kahlen Platze spielte die Militärkapelle noch eine Weile die Melodien, die er wünschte. Es waren schwermütige Weisen, wie sie das Volk gefunden hatte für seine Trauer und sein Schicksal, und er mochte wohl hoffen, bei solchen Klängen, die gleichsam die Seele einhüllten und einer dunkeln Strömung übergaben, leichter einzuschlafen. Nichts störte die peinliche Ordnung seiner Stunden, seines ganzen arbeitsreichen Lebens, dessen genaues Abbild die untadelhafte Ordnung auf seinem Schreibtisch war; er duldete auf ihm keine Spur der geleisteten Arbeit.

Um diese Zeit wurde sein Leben wieder erhellt durch die Ankunft eines jungen Mädchens von zauberhafter Schönheit. Es war kein Geheimnis, daß Sophie Naryschkin Alexanders Tochter aus einer ebenso unglücklichen wie leidenschaftlichen Verbindung war; ihre Mutter war gestorben, Alexander hatte die Tochter in der Sorge um ihre zarte Gesundheit längere Zeit in Paris leben lassen. Da sie zurückkehrte, entfaltete sich ihre Schönheit rasch unter der Gewalt der Liebe zu einem jungen Adligen, der Alexander nichts entgegenzustellen wagte. Lange war Sophie wie zögernd zwischen Kindheit und Jugend gestanden; nun strebten alle ihre Kräfte einem großen erfüllten Leben zu. Einmal begegnete sie, wie erzählt wurde, der Zarin im Park von Zarskoje Selo; sie sank erglühend zur Erde, aber Elisabeth Alexewna eilte auf sie zu und schloß sie in ihre Arme: «Oh, ich weiß, wer du bist! Ich erkenne in dir den Engel, den ich liebe!» Da, wieder während einer Truppenschau, traf den Zaren ein Schlag, der noch schwerer war als der erste: Sophie war plötzlich an den Folgen eines Blutsturzes gestorben. Alexander wankte, als er die Nachricht empfing. «Dies ist die Strafe für meine Sünden», sagte er, ohne Rücksicht auf seine Umgebung. Dann zwang er sich, den blitzenden, zuckenden Reihen seiner Krieger die erwarteten Befehle zu geben. Erschöpft ritt er vom Platze, während hinter ihm der Marschtritt der gewaltigen Heeresmasse verhallte. Mit äußerster Anstrengung verschwieg er auch seinen Vertrauten seinen Schmerz; nur das Grabmal, das er auf dem Friedhof des Klosters der heiligen Dreifaltigkeit für Sophie errichten ließ, war Zeuge seiner Tränen und Selbstvorwürfe.

Der späte Herbst brachte über Petersburg ein Unglück, dessengleichen die Stadt lange nicht gesehen hatte. Viele Tage lang drückte der Westwind auf die Mündung der Newa; er wälzte die Meeresflut landeinwärts über die Felder und in die Gassen der Stadt; die Plätze verwandelten sich in Seen, die Straßen in träge schlammige Flüsse. Längst schon waren die zahlreichen Brücken, die über die Kanäle führten, in der Flut verschwunden, und noch immer zeigten Kanonenschläge das Steigen des Wassers an. Als der Zar auf dem Balkon über dem Flusse erschien, riefen ihn die Menschen von weit entfernten Fenstern und Dächern um Hilfe an. Unbekümmert um den feuchten, gleichmäßig forttosenden Wind, leise das unbedeckte Haupt schüttelnd, sah er auf die schmutzigen Wellen nieder, auf denen Schiffstrümmer trieben. «Der Fluß kommt zurück», sagte er vor sich hin. Das volle Gesicht des noch nicht Fünfzigjährigen, das so lange den Schimmer der Jugend bewahrt hatte, wurde von einem Schatten von Greisenhaftigkeit verdüstert, als sollte seine Jugend unmittelbar in müdes Alter übergehen. «Wie lange ist es her», fragte er den General Bennigsen, der hochaufgerichtet hinter ihm stand, «seit ein derartiges Unglück die Stadt heimgesucht hat?» – «Es werden fast fünfzig Jahre sein.» – «Ich weiß; damals ertrank die Prinzessin Tarakanow in ihrem Kerker in der Schlüsselburg. Es war das Jahr meiner Geburt.» Bennigsens verschlossenes Gesicht bewegte sich nicht. Wieder beugte sich der Zar über das Geländer. Nun trieb ein hölzernes Kreuz den Strom herauf, dem Palaste zu; es streifte an der Mauer hin und blieb schräg unter dem Balkon liegen; deutlich war zu hören, wie der Längsbalken an die Mauer schlug. Als der Wind sich endlich gedreht hatte und die Flut sich verlief, durchritt Alexander die Stadt, um die nötigen Anweisungen zur Behebung der Not zu geben. Dann wandte er sich den Feldern am Flusse zu und ritt bald rascher, angezogen von einem sonderbaren Umriß, der sich am Rand der Ebene in den Abendhimmel hob. Es war ein Kauffahrer; die Wellen hatten ihn aufs Land getragen und dort zurückgelassen. So lag das Schiff auf der Seite, verlassen von seiner Mannschaft, die vielleicht in der Ferne ertrunken war; an den schrägstehenden Masten hingen die morschen, fahlen Reste zerfetzter Segel. «Die Fahrt ist zu Ende», sagte Alexander, nachdem er lange vor dem Wrack gehalten hatte, zu seinem Adjutanten, dem General Diebitsch ... «Es ist erschütternd, welche Bilder der Herr vor uns aufrichtet», fügte er nach einer Weile hinzu. Da er die Antworten seiner Begleiter oft nicht verstand, aber auch nicht um sie fragen wollte, sprach er gerne mit sich selbst.

Seit Sophie gestorben war, suchte der Zar wieder einige Adelshäuser auf wie in früheren Jahren. Wo man glaubte, ihm Gesellschaften bieten zu müssen, zog er sich rasch zurück; ließ man ihn aber, in dem Abstand, den er forderte, am geordneten Dasein einer Familie für eine Stunde teilnehmen, so schien er sich glücklich zu fühlen. Er saß dann, vom Tische etwas entfernt, in dem bereitgestellten Sessel, scheinbar zuhörend, während er seinen Gedanken oder ihn häufig heimsuchenden Erinnerungen nachhing. Dämmerige Zimmer waren ihm die liebsten; er bat, daß man die Kerzen abblende. In unregelmäßigen Abständen kam er wieder; plötzlich blieb er aus. Damals wurde es bekannt, daß die Zarin schwer erkrankt sei; nie hatte sie, die badische Fürstentochter, im Petersburger Winter die Milde ihrer Heimat verschmerzen können, wenn auch nur selten eine Klage über ihre Lippen kam. Nun hieß es, daß für sie nur Hoffnung sei, sofern sie sich für ein südliches Klima entscheide. Einige rieten zu ihrer Heimat, andere zu Italien, wieder andere, denen die Sinnesart der Fürstin schon besser bekannt war, zur Krim. Dann verbreitete sich die Nachricht, daß die Wahl auf Taganrog gefallen sei. Man mußte sich mühsam daran erinnern, daß Katharina II. in ihrem Briefwechsel mit Voltaire das Klima der kleinen Stadt am Asowschen Meer gerühmt hatte und ihr Voltaire darauf seine Absicht versicherte, sich in einer Sänfte nach Taganrog tragen zu lassen – falls er nicht doch das gewiß mildere Klima ihres Hofes vorzöge; es war eine verfehlte oder doch überholte, schon lange verödende Gründung Peters des Großen, der von dort aus einmal die Flotte Rußlands in das Schwarze Meer hinaussenden wollte, im Grunde, wie man doppelsinnig sagte, eine Strafkolonie. Aber der Spott verwandelte sich in Erstaunen, als der Hof erfuhr, daß auch der Zar nach Taganrog reisen, ja sogar der Gattin vorauseilen werde.

Die letzte Nacht vor seiner Ausreise, die der Zar noch vor dem ersten Morgendämmer antreten wollte, verbrachte er an seinem Schreibtisch. Nach Mitternacht ließ er seinen Kriegsminister, den Grafen Araktschejew, rufen; er verfügte die Zusammenziehung einer starken Armee an den Ufern des Pruth für den heranrückenden Herbst und ließ schon jetzt die Vorbereitungen für die Verproviantierung der Truppen treffen. Der Zar hatte sich vorgesetzt, im Namen seines ungestüm nach Süden drängenden Reiches so viel von der Türkei zu fordern, daß der Krieg kaum vermieden werden konnte. «Ich werde», sagte er fest, «auf meiner Reise Gelegenheit haben, die Truppen, vielleicht auch den künftigen Kriegsschauplatz zu besichtigen.» – «Euere Majestät reisen zu diesem Zwecke?» wagte Araktschejew auf seine unmittelbare Art zu fragen. Alexander sah ihn an: aber sobald seine Blicke in die Augen des Grafen trafen, auf deren Grunde eine eigentümliche, brennende Wildheit lauerte, senkte er sie. «Nein», sagte er verwirrt, «ich reise der Kaiserin wegen, die sehr des Beistandes bedarf.» – «Haben Euere Majestät schon die Zeit Ihrer Rückkehr bestimmt?» Vor Alexander lag ein Blatt, auf dem nach der geltenden Vorschrift die Stationen der Hinreise mit den Tagen und Stunden der Ankunft und der für das Auswechseln der Pferde benötigten Zeit genau verzeichnet waren; wieder fiel es ihm schwer zu antworten: «Meine Rückkehr hängt von dem Befinden der Kaiserin ab. Ich werde zurückkehren, sobald ich es vermag. Das heißt», fügte er, mit einer leisen Scham sich verbessernd, hinzu, «ich habe diese Absicht – oder ich hatte sie.» Er hob endlich wieder den Kopf und sah den Kriegsminister an. «Im Augenblick kann ich Ihnen Ihre Frage nicht beantworten.» Araktschejew verbeugte sich: «Der General Bennigsen wird Euere Majestät kaum anders beraten als ich.» Wieder kostete es Alexander Mühe zu antworten: «Nicht Bennigsen wird mich begleiten, sondern der General Diebitsch.» Das Erstaunen des

Ministers bewegte ihn zu einer Erklärung: «Bennigsen ist ein ausgezeichneter Offizier. Wir haben ihn ja durch fünfundzwanzig Jahre erprobt. Während dieser langen Zeit ist es mir immer schwerer geworden, seine Gegenwart zu ertragen.» Araktschejew erschrak: «Ich kann mir nicht denken, daß Sie ihm mißtrauen.» – «Nein», sagte Alexander aufatmend, «aber Ihnen vertraue ich lieber.» Nun war es, als ob Tränen aufschimmern wollten in den Augen Araktschejews; eine eigentümliche Bewegung flackerte unter seinem harten, fast rohen Gesicht. Aber er zwang sie nieder. «Da Euere Majestät sich vielleicht auf lange Zeit entfernen, so muß ich von Sorgen sprechen, die ich bisher allein getragen habe. Es geschehen beunruhigende Dinge. Ich meine nicht allein das, was sich draußen im Reiche ereignet und was Euerer Majestät bekannt ist: daß der polnische Landtag, nachdem er vier Jahre lang geschlossen war, sich im selben Geiste der Aufsässigkeit äußerte wie zuvor, oder daß die Bauern im Gouvernement Nowgorod sich zusammenrotteten und sogar wagten, als Ihre Majestät die Kaiserin-Mutter durch das Gouvernement reiste, ihren Wagen anzuhalten, um eine Bittschrift aufzudrängen; beunruhigender sind die Vorgänge in der Stadt. Ich kann nach gewissenhafter Prüfung nicht sagen, daß der Chef der Polizei es an Wachsamkeit fehlen lasse, und doch kommt kein Morgen, an dem nicht Ermordete in den Straßen gefunden werden; die Zahl der Verbrechen wächst noch immer, und sie geschehen zum Teil auf entsetzliche Weise. Viele deuten darauf hin, daß sie einen gemeinsamen Herd haben, aber dieser wurde bisher nicht gefunden. Wir haben es mit einer Macht zu tun, die noch keinen Namen hat.»

Alexander sah ihn erschreckt an: «Es ist mein Glaube, daß Rußland mit dem Geist des Aufruhrs ringen soll, der das Jahrhundert erschüttert. Wir glaubten, ihn niedergeworfen zu haben, als wir Napoleon schlugen. Damals meinten wir, Rußland könne der Welt den Frieden bringen aus seiner alten, heiligen, noch unversehrten Kraft, aus seinem Herzen heraus; es ist ein so mächtiges Herz. Aber es ist so, wir haben es mit einer namenlosen Macht zu tun. Welch ein großes, schönes Werk haben Sie mit der Ansiedlung des Militärs auf dem Lande geschaffen! Der Soldat soll im Volke, auf der Erde leben, die er verteidigen soll; das Volk soll wissen, wer es beschützt. Und doch fanden Sie keinen Dank.» Araktschejew lächelte: «Ich fand Haß. Wie gerne will ich ihn tragen, wenn Ihnen die Liebe treu bleibt, die das Volk Ihnen geschenkt hat, als Sie zu seiner stürmischen Freude den Thron bestiegen. Neben einem geliebten Mann muß ein gehaßter stehen; ich möchte allen Haß Rußlands auf mich ziehen, damit Ihnen die ganze Liebe Rußlands zuteil wird. Ich fürchte diesen Haß nicht; ich kann sehr wohl unter ihm leben und bedarf vielleicht seiner, wie Sie der Wärme und des Lichtes bedürfen. Denn Sie sind der erste Herrscher Rußlands, auf dem die Gnade sichtbar ruht.» Alexander wehrte in heftigem Schmerze ab: «Ihre Worte kommen aus einem heißen Herzen, aber sie sind furchtbar. Sehen Sie denn nicht, daß eben die Gnade fehlt?» Araktschejew verstand nicht: «Sie haben die größte Macht der Welt, die Finsternis, die aus dem Westen kam, besiegt. Gott hat Ihre Waffen gesegnet; Sie sind sein Werkzeug.» – «Ich war es», sagte der Kaiser dumpf. «Warum empören sich die Bauern? die Polen? Warum geschehen die Verbrechen in der Hauptstadt? Warum hat mich so viel Leid getroffen? Warum empörte sich sogar die Newa und sandte ihre Wasser rückwärts? Hinter dem allem steht ein Geheimnis, ein Urteil, ein Gericht.» – «Sie sind Gottes Engel», erwiderte Araktschejew fest, «ein lichter Fürst. Wir andern alle stehen im Dunkel, Sie nicht. Und wenn der Herr Sie mahnt, so nur, weil Ihre Güte Sie hindert an Ihrem Werk. Mein Kaiser, Sie scheuen die Härte, die Sünde; werfen Sie alle Sünde auf mich!» Qual und Erschütterung lagen auf Alexanders Gesicht, er versuchte einen heftigen Einspruch; als er aber die arglose Härte und den unerschütterlichen Glauben im Gesicht des Grafen sah, beschied er sich mit der Frage: «Was soll ich tun?»

Araktschejew näherte sich dem Kaiser und beugte sich über den Tisch: «Ich spüre mehr, als ich beweisen kann. Eine unheimliche Gefahr umschließt Sie. Ganz Rußland ist von ihr bedroht. Eine dunkle Macht arbeitet mitten unter uns. Ich traue den Offizieren der Garde nicht. Das Volk scheut wie ein Pferd, das den unrechten Reiter fühlt. Den Reiter müssen wir fassen! Auch unter den hohen Beamten sind mir viele verdächtig. Geben Sie mir Vollmacht für die Zeit Ihrer Reise, lassen Sie mich handeln. Es soll kein Unrecht geschehen, aber Sie und Rußland sollen gerettet werden. Man verschwört sich gegen Ihr Leben, gegen Ihr Haus, gegen die Ordnung selbst.» Alexander erblaßte: «So nah kann es noch nicht sein – noch nicht.» – «Es ist sehr nah», sagte Araktschejew, «vielleicht werde ich in wenigen Tagen schon die Beweise in der Hand haben; vertrauen Sie mir nur noch dieses eine Mal.» – «Sie müßten viel Blut vergießen?» – «Es wird nur schuldiges Blut sein.» Des Kaisers Hände krampften sich zusammen: «Wie oft soll ich diesen Thron noch bezahlen?» stöhnte er. – «Euere Majestät wollen verzeihen: den Thron mußten Sie niemals bezahlen, er ist Ihr Besitz; nur Ihr Recht sollen Sie wahren.» Der Kaiser schwieg lange; ein heftiger Kampf spiegelte sich auf seinem Gesicht. «Nein», rief er plötzlich, «ich entschließe mich noch nicht! Sie übertreiben die Gefahr.» – «Man will Sie töten», sagte Araktschejew heiser; «es kann hier, es kann auf Ihrer Reise geschehen. Vielleicht will man Sie nicht zurückkehren lassen; Ihre Todfeinde umgeben Sie an jeder Stelle.» Der Kaiser sah lange auf das Bild eines Heiligen, das unter der Kerze hing. «Ich fürchte mich nicht mehr, ein Opfer zu werden. Aber – die Grenze ist erreicht, ich kann kein Opfer mehr fordern.» – «Sie müssen!» – «Ich entziehe mich diesem

Zwang», erwiderte Alexander, das Haupt erhebend. «Verstehen Sie mich denn nicht?» sagte er in flehendem Tone; «ich finde das Recht nicht mehr, das mich befähigte zu tun, was Sie von mir fordern.» Araktschejew erschrak bis ins Innerste; er hielt sich am Schreibtisch fest, als sollte die Welt ins Wanken geraten. Der Kaiser verstand diese Geste sofort; er sprang auf: «Nein! Sorgen Sie sich nicht! Ich weiß, was ich tun soll. Aber ich muß geführt werden – von oben. Ich brauche Zeit, neue Gewißheit.» – «Vergessen Sie nicht, erhabener Herr, wie mächtig der Böse ist in der Welt. Mit ihm müssen Sie ringen. Er greift nach dem heiligen Rußland!» – «Gut, ich will ihm entgegentreten. Ich will ...» – «Erregen Sie sich nicht zu sehr. Ich bitte nur um die gnädige Vollmacht, in Ihrem Dienste zu handeln.» Aber da wichen Alexanders Augen, über denen ein leichter, schattenhafter Schleier lag, den festen Blicken des Ministers wieder aus. «Nein», sagte er mit leiser Stimme, abgewandten Gesichts, «warten Sie noch. Ich muß erst meinen Weg suchen. An der Stelle, wo ich mich befinde, kann ich Ihnen den Befehl nicht geben ... Verzeihen Sie», fügte er nach einer bangen Weile hinzu, Araktschejew die Hand reichend. «Sie sind mein treuester Diener; auf Sie vertraue ich. Wanken Sie nicht. Aber ich muß hindurch. Ich muß sehr weit weg. Es ist eine Stunde der Heimsuchung gekommen. Nicht die Dinge und Verhältnisse dürfen uns treiben. Jetzt kommt es auf die Seelen an. Verstehen Sie mich doch! Meine Seele muß frei werden, ich kann sonst nicht handeln. Ich kann wohl weitergehen auf dem Wege, den meine Vorgänger bezeichnet haben, und Kriege vorbereiten oder führen. Aber darum geht es jetzt nicht. Es geht nur um das Innerste: daß wieder Licht von oben in eine dunkle Seele fällt. Haben Sie Geduld», setzte er lächelnd hinzu, in einem weichen, fast demütigen Tone. Araktschejew wollte sich erschüttert über die Hand seines Herrn beugen, aber dieser hielt ihn gewaltsam zurück: «Das Letzte, das Schwerste, können Sie nicht für mich tragen, das wäre vermessen. Vieles sehe ich noch nicht; aber es ist mir klar geworden, daß dies eine nicht geht. Ich danke Ihnen von Herzen; Sie haben sehr viel für mich getan. Leben Sie wohl.»

Der Kriegsminister ging. Erst nach einer langen Weile verließ der Zar sein Arbeitszimmer. Als er unter der Lampe vor seiner Tür erschien, lag tiefe Erschöpfung auf seinem Gesicht. Zusammenschreckend sah er Bennigsen in das Licht treten; der General mußte an dieser Stelle schon lange gewartet haben. «Für welche Stunde befehlen Euere Majestät den Wagen?» – «Für vier Uhr.» Der General dankte; doch mit einer plötzlichen, entschiedenen Willensanspannung setzte der Kaiser hinzu: «Ich bitte Sie, den Befehl weiterzugeben: der General Diebitsch wird mich begleiten.» Über Bennigsens Gesicht lief ein Zucken: «Ich hoffte, Euerer Majestät dienen zu können, gerade in dieser Stunde.» Alexander sah ihn kalt, fast mit Abneigung an: «Ist nicht Diebitsch Ihr Freund? Er wird Ihre Sache vertreten.» – «Meine Sache, Majestät, war immer die Sache Rußlands.» – «Ich glaube Ihnen, daß Sie davon überzeugt sind. Aber diese Überzeugung ist zu einfach. Gott wirft eine Frage dazwischen; die haben Sie nicht gehört, die wollten Sie nicht hören. Und ich höre nichts mehr als diese Frage.» Bennigsen blieb vor dem Kaiser stehen; er sah ihm mit einem ernsten, fast drohenden Blick in die Augen: «Was wäre der Dienst so vieler Jahre, wenn ich Sie jetzt nicht schützen dürfte?» – «Was dieser Dienst war, das müssen Sie sich selber fragen und beantworten.» Es war, als zuckte Haß aus den Augen des Zaren; er wandte sich um und ging, erleichtert aufatmend, die Treppe hinab, die zu den Gemächern der kaiserlichen Familie führte.

Es mußte noch Nacht sein; die Fenster waren verhangen. In dem hell erleuchteten Raume wartete Maria Feodorowna, die Zarin-Mutter, mit den Großfürsten Konstantin und Nikolai, den jüngeren Brüdern des Zaren. Alexander verneigte sich tief vor der Mutter und umarmte die Brüder. Obwohl seine Angehörigen gewöhnt waren, daß er sich häufig auf weite Reisen begab, so waren sie doch bewegt; sie fühlten etwas Ungewöhnliches in seinem Vorhaben, wie sie schon lange mit Spannung und Sorge die Veränderung in seinem Wesen beobachtet hatten. Auch seiner hatte sich eine eigentümliche Bewegung bemächtigt; zwar versuchte er, von geringfügigen Dingen zu sprechen: von der großen Freude, die er immer am Dahinfliegen über die russische Steppe gehabt, und von dem befreienden Wechsel der Stimmung, die der Übergang in den russischen Süden in ihm bewirke; aber dann schlug sein Ton plötzlich um: Taganrog sei ein sehr ernster Ort, wohl geeignet, daß ein Fürst sich Rechenschaft ablege über das, was er in fünfundzwanzig Jahren getan. «Man steht dort auf einmal am Tore der Welt, und es ist eine schwere Frage, ob man durchs Tor gehen, oder ob man wieder umkehren soll. Ich glaube», sagte er plötzlich, «ein Fürst, der die Kraft nicht mehr fühlt, sein Amt recht zu verwalten, sollte es ablegen und einem Stärkeren anvertrauen.» Die Zarin-Mutter und Konstantin schwiegen, aufs höchste betroffen; Nikolai, der jüngere, widersprach heftig: «Diese Zeit wird niemals für dich kommen; dich wird der Segen deiner Taten immer stärker machen.» Alexander sah den Bruder liebevoll an: «Erhalte dir diesen Glauben, daß der Segen stark macht; nur wende ihn nicht an auf mich. Aber wer reich ist an Segen, der soll auch mächtig sein auf Erden; denn die Macht ist immer da und muß verwaltet werden. Möge Gott das Volk davor bewahren, daß sie von unheiligen Händen ergriffen wird.» Nun wandte er sich an Konstantin: «Es ist ein wunderbarer Trost für mich, daß ihr da seid. Hätte ich Söhne, wie fern könnten sie mir sein! Eine andere Zeit könnte in ihnen leben. Aber ihr seid mir nah; wir brauchen nicht ein Lebensalter zu überspringen, um einander zu verstehen. Nur ist euere Kraft noch frisch, unverletzt.» – «Dein Befehl ist alles», erwiderte Konstantin; «wenn du befiehlst, werde ich Kraft haben, das Recht zu verteidigen, dessen Feinde überall aufstehen.» – «Und wenn dir nun niemand befehlen würde?» fragte Alexander lächelnd. – «Davor bewahre mich Gott. Das Schwert fordert die Hand, die es zu führen weiß.» – «Du bist mehr als ein Schwert», warf Nikolai ein, «du sollst einmal, wenn Gott es so fügt, die Krone Rußlands tragen: dann will ich dir dienen, wie ich Alexander diene.» – «Nie wird das geschehen!» erwiderte Konstantin heftig. «Nie?» fragte Alexander wieder. Er saß zwischen den Brüdern: Konstantin, dem älteren, der an einen derben Kriegsmann erinnerte, wenngleich seine Uniform viel zu glänzend war, und dem ernsten, feurigen Jüngling Nikolai; des Zaren Blicke gingen vom einen zum andern, als suche er eine Entscheidung. «Nie!» wiederholte Konstantin, «soweit es von mir abhängt. Aber du hast das letzte Wort; du wirst es sprechen, wann du es für gut findest.» – «Ich werde darum beten», sagte Alexander nach einer langen Pause, in der er vergeblich mit sich kämpfte; «ich finde es noch nicht.» Maria Feodorowna hatte mit eigentümlicher Spannung zugehört; nun trat Schweigen ein, das von Minute zu Minute lastender wurde, bis sich der Zar erhob. Er stand vor den Brüdern; noch immer kämpfte es in seiner Brust. «Du könntest mir so leicht eine große Last von der Seele nehmen», sagte Konstantin; «siehst du nicht, daß die Krone zu schwer für mich ist? Ich kann sie schützen, nicht tragen. Wir alle beten täglich für dein Leben, und der Herr wird es erhalten. Darum ist es nicht, nur um das Gewicht des Gedankens, der Sorge; ich tauge dafür nicht.» – «Ich weiß», erwiderte Alexander leise, so daß es nur Konstantin hören konnte, «du fürchtest nicht die Verantwortung allein, du fürchtest auch das Erbe der Schuld. Siehst du, ich habe es so lange getragen, und doch ist das Wort, das du verlangst, nicht leicht zu sprechen.» Und fast schon im Selbstgespräch fügte er hinzu: «Ich glaube, nur ein Sterbender bringt es über die Lippen.»

Die Brüder gingen; Maria Feodorowna zog den Zaren in das anstoßende Kabinett. «Haben sie nicht recht?» fragte sie erregt. «Das Volk muß wissen, wer die Krone einmal tragen wird.» – «Konstantin hat verzichtet», antwortete er ruhig. «Aber warum hältst du's geheim?» Auf ihrer Brust schimmerte ein Medaillon; Alexander erkannte das herrische, fast häßliche Gesicht des Vaters, über dem von früh an ein Schatten der Angst und eines fernen Verhängnisses gelegen war. Mit dem Ausdruck plötzlichen, heftigen Schmerzes kehrte er sich ab. «Alexander! Wir lieben dich alle, und wir wissen, es hätte keine glücklichere, keine glänzendere Zeit für uns kommen können als die deiner Herrschaft. Aber ist nicht eine große Gefahr in deinem Schweigen für uns, für Rußland? Die Menschen müssen wissen, wem sie für die Zukunft verpflichtet sind. Es darf auch nicht die Möglichkeit eines Augenblicks bestehen, da das Zepter herrenlos ist. Dann werden die Hände der Schlechten nach ihm greifen; die Guten kommen immer zu spät.» – «Und doch ist es noch zu früh», sagte er langsam; «ich suche die Gewißheit, die von oben kommt; ehe ich sie nicht gefunden habe, kann ich mich nicht entscheiden.»

«So bestimme für den äußersten Fall einen Dritten, der die Regentschaft führt.» Er sah sie mit einem durchdringenden Blick an: «Du meinst – dich selbst?» – «Wäre es nicht gerecht, und wurde ich nicht an der Seite deines armen Vaters rechtmäßig gekrönt? Als dein unglücklicher Vater starb, hätte die Regentschaft an mich fallen sollen. Ich trat mit Freuden vor dir zurück und ließ meine Rechte, ohne daß ich von ihnen sprach, in deiner Hand.» Wieder glitt ein tiefer Schmerz über seine Züge: «Mutter, ich glaube deiner Liebe und bin dir dankbar für sie. Aber der Freude, von der du sprichst, kann ich nicht glauben. Du weißt nicht, wie schmerzlich mir dieser Ton deiner Stimme ist. Wir hätten uns so viel zu sagen und haben nie dafür Zeit gefunden. Auch jetzt ist wohl keine Zeit. Ich sehe, wie namenlos schwer es ist, wahrhaftig zu sein. Und doch glaube ich, daß ich es versuchen muß.» Sie schien ihn nicht zu verstehen, so heftig war die Erregung, in der sie noch befangen war: «Habe ich nicht alles verloren und geopfert, das Glück meiner Jugend, die große Erwartung, die heilige Aufgabe meines Lebens?» – «Ja, es ward dir vieles entrissen. Ob du es geopfert hast, weiß ich nicht. Ich glaube, wir können keinen Verlust erleiden, der uns ins Recht setzte, uns zu beklagen – so tief sind wir verschuldet.» – «Wir...?» In ihrer Frage verbarg sich ein Vorwurf. «Gut», erwiderte er zögernd, «ich will auf dem Wir nicht bestehen; ich will nur sagen: ich.» Sie faßte ihn am Arm: «Alexander, was geht in dir vor? Laß es mich mittragen, laß es mich wissen.» – «Still», sagte er leise, «wir beide wissen mehr, als wir einander sagen können.» Nun sah er ruhig auf das Bild des Vaters, bis ihm die Tränen aus den Augen schossen. Ein Zittern lief durch seine hohe, fast noch jugendliche Gestalt; es war, als solle er von innen her zerbrechen. «Es vergeht keine Nacht», sagte er plötzlich, «da er mir nicht im Traume erscheint. Aber auch am Tage und in fernen Ländern ruft er mich an. Ich finde ein Buch, das mich an ihn erinnert, oder sein Bild, eine Akte, die er unterzeichnet hat; ich muß einen Weg reiten, wo ich neben ihm ritt – und er ist da, immer, immer da. Nur vier Jahre hat er geherrscht, und wie breit ist die Spur, die er gelassen hat! Und so barmherzig ist die Zeit gegen ihn, so unbarmherzig gegen uns, daß sie fast nur die Spuren guten Wirkens bewahrt hat.» Sie schloß ihn in die Arme, um ihn zu stützen: «Ich wußte es ja, deine Seele ist zu zart, sie kann das Geschehene nicht überwinden. Aber was du auch vorhaben magst, ich werde es verstehen. Alexander! Ich habe Dinge erfahren, die ein Menschenherz zerstören können, und ich bin Gedanken begegnet, vor denen das Blut gefriert. Ich habe über sie gesiegt. Und darum glaube ich – um Rußlands willen –, daß ich Rußlands Macht tragen könnte, ohne daß du um sie bangen müßtest.» Er wand sich rasch aus ihren

Armen: «Wir können nicht über diese Dinge sprechen, jetzt nicht und vielleicht niemals. Ich fühle nur, ich muß an eine Stelle dringen, wo das nicht mehr gilt, was uns beide in Bann hält. Aber gerade das wirst du nicht verstehen. Verzeih mir. Leb wohl.» Er küßte ihre Hand. Doch nun schien er zu spüren, daß sie die Gebärde des Segnens machen wollte; er ging rasch aus dem Zimmer.

In der Galerie, die noch hell erleuchtet war, blieb er stehen. Er sah in die blitzenden, flimmernden Lichter hinauf und über die Bilder hin, die in fast endlosem Zuge den weißen Wänden folgten; sein schmuckloser Soldatenrock machte ihn zu einem Fremdling unter den glänzend gekleideten Damen und Herren. Wie um einen Traum zu vertreiben, strich er sich über die Stirn. «Dies alles ist verfallen», sagte er vor sich hin; «eine ganze Welt, die verfallen ist.» Er bemerkte, daß er an der Tür vorübergegangen war, die er gesucht hatte, und kehrte um. Auf sein vorsichtiges Zeichen öffnete eine Hofdame der Zarin Elisabeth. «Es ist noch sehr früh. Ich störe?» fragte er leise. Doch da teilte sich der Vorhang des anstoßenden Raumes, und die Zarin eilte ihm entgegen. «Ich fürchte», sagte er, «du hast die ganze Nacht gewartet. Eine Bitte habe ich noch: Komm bald. Ich will schnell reisen, wenn ich auch da und dort verweilen möchte; wo und wie lange, das weiß ich noch nicht. Ich will in das verborgene Rußland; hier ist seine Seele ja nicht zu spüren; hier wohnte sie wohl nie, und auch meine Seele kann hier nicht mehr leben. Aber in wenigen Wochen werde ich dort sein. Ich freue mich auf dein Kommen.» Röte übergoß ihr schmales Gesicht: «Alles wird gut werden, wenn wir dort sind. Mir ist, als erwartete mich ein großes Glück. Alles Glück kommt ja von dir.» Beschämt beugte er sich über ihre Hand. «Ich habe deine Reise vorbereiten lassen. Du darfst dir nicht eine Meile mehr zumuten, als für jeden Tag vorgesehen ist.»

Die Stadt lag noch unter dem tiefen Dunkel des bedeckten Nachthimmels, als der Zar den Wagen bestieg;

er ließ die Türen des Palastes, aus denen die Helle strahlte, rasch wieder schließen, während er sich in seinen Mantel hüllte. So fuhr er eilig durch die lichtlosen Straßen, bis sich der hohe, unbestimmte Umriß des dem heiligen Alexander Nevsky geweihten Klosters aus dem Dunkel hob. Eben begann der Gesang in der verschlossenen Halle; nun öffnete sich das Portal der Vorhalle, und der Metropolit Seraphim grüßte, umgeben von seinen Archimandriten und Mönchen, segnend den Zaren. Das Tedeum begleitete die Schritte Alexanders, der tiefgebeugten Hauptes sich dem Altarraum näherte. Er kniete nieder, während die Priester die Stufen im Altarraum emporstiegen; dann legte er den Degen ab und folgte dem Metropoliten durch die Pforte der mit Ikonen geschmückten Wand, die den Mittelraum vom Heiligsten trennte. Die Kerzenflammen bauten ein schimmerndes Gewölbe über der Stelle, wo der Zar auf den Knien lag, ohne den Blick zu erheben. Niemand war ihm gefolgt. Als der Metropolit sich der Seite des Evangeliums näherte, erhob sich der Zar, um zum Altar zu gehen und sich zur Rechten des Priesters auf die Knie niederzulassen. Seraphim legte ihm das schwere Evangelienbuch auf das gesenkte Haupt und las mit leiser Stimme das Wort des Herrn. Nach der Messe warteten die Mönche am Tor auf den einsamen Beter, der noch immer vor dem Altar am Grabe des Heiligen kniete, nachdem er durch einen Wink die Lichter hatte löschen lassen; nun schritt er langsam aus dem Dunkel in den Schein der Kerzen, wie gebeugt von einer Last, die er vergeblich vor dem Herrn hatte niederlegen wollen. Demütig empfing er aus den Händen des Metropoliten ein Kreuz, das ihm die Reise segnen sollte. Er dankte den Mönchen für ihren Gesang und bat sie, für ihn in der folgenden Zeit mit besonderer Liebe zu beten; er habe, wie sie wüßten, schwer mit den Mächten zu ringen, deren Gewalt wohl am stärksten sei auf der Höhe der Heiligkeit, und dann, sehr viel tiefer, im Umkreis des Thrones; von ganzem Herzen bitte er sie, ihn gerade jetzt nicht zu verlassen und aller draußen im weiten Rußland sich anzunehmen, deren Seelen umstrickt seien von den Mächten. Seine Gebete seien so schwach, daß er die ihren auf keine Weise vergelten könne; aber herzliche Liebe wolle er ihnen bewahren. Er wollte sich eben dem Dunkel wieder zuwenden, das draußen wartete, als der Metropolit ihn fragte, ob er wohl die Zelle des Vaters Alexej, eines heiligmäßigen Einsiedlers, besuchen wolle, der seit einiger Zeit aus den Wäldern an der Wolga in das Kloster gekommen sei. Der Vorschlag schien dem Zaren Freude zu machen; er willigte ein.

Sie erreichten die Zelle auf dem Wege über den Klosterhof. Da die Tür sich öffnete, erhob sich ein hochgewachsener Greis; sein Haupt rührte fast an die Decke des niederen Raumes. Eine matte Ampel schwankte in dem tiefdüstern Raume, dessen Wände mit schwarzen Tüchern bespannt waren; zur Seite, neben dem mächtigen Schatten des Einsiedlers, erschien ein Kruzifix, das, vom Boden emporsteigend, fast die ganze Wand einnahm. Alexander fühlte sich so heftig bewegt, daß er den Metropoliten bat zurückzubleiben. Nun hörte er die Stimme des Einsiedlers, der ihn aufforderte, sich vor dem Kreuze zu verneigen. Alexander sank auf die Knie und verharrte lange in schweigendem Gebet; neben sich spürte er die mächtig sich emporringende Kraft des Heiligen, der sich gleichfalls auf die Knie geworfen hatte. Als er dem Greis in die geröteten Augen sah, wußte er, daß es kein Geheimnis vor ihm gab; während sie nebeneinander knieten, mußte ihm alles offenbar geworden sein. «Du sorgst dich um dein Land», begann Alexej. «Ich bin alt und habe viele Dinge erfahren. Du weißt ja, daß man nicht in der Welt leben muß, um zu wissen, wie es mit ihr bestellt ist. Bis zum Jahre 1812 stand es sehr schlecht um Rußland; dann kam das große Feuer, in dem Moskau unterging, und es wurde besser. Der Dämon, der in unser Land einbrach, hat es mit der Geißel gereinigt.

Aber seitdem ist Rußland wieder krank geworden; ganz gesund ist es seit langer Zeit nicht gewesen. Ich muß dir das sagen, denn du bist der Herr. Du mußt auf die Sitte achten und die Kirche schützen. Wenn aber nicht jeder deiner Diener unserm Herrn und Heiland verpflichtet ist, wird der rechte Dienst nicht getan, und es ist alles vergeblich, was du ersinnen und gewinnen magst. Siehst du», fügte er in anderm Ton hinzu, die Hand auf den Arm des Zaren legend, «deine Seele und die Seele Rußlands leiden dieselbe Not, und sie haben denselben Feind. Wie lange bist du draußen in fremden Ländern gewesen! Und was hast du dort gesucht? Die Welt hat dich nicht einmal verwirrt, du bist nur in die Welt geflohen. Das ist nun zu Ende, du mußt heimkehren. Aber die Lüge steht vor deiner Heimkehr und läßt dich nicht zurück in das heilige Rußland; das weißt du. Im heiligen Rußland wohnt der Herr, der die Wahrheit ist.» Er führte den Erschütterten in den anstoßenden Raum, der noch weit schmaler war als die Zelle. Hier stand ein offener Sarg auf dem Tisch, umgeben von brennenden Kerzen; der Sarg war mit einem Linnen ausgeschlagen, in dem sich das Haupt und die Gestalt des Einsiedlers eingedrückt hatten. «Dies ist mein Bett, wie es das deine und das Bett aller Menschen ist», fuhr Alexej fort in demselben Ton starken Mitleidens, der alle seine Worte mit einer eigentümlichen Wärme durchdrang. «Seit ich hier schlafe, habe ich die Lüge überwunden. Du mußt die Wahrheit an der Stelle deines Lebens ergreifen, wo du sie verloren hast. Dann wird es licht werden in dir; und wenn wir alle so tun, wird es vielleicht auch einmal, unter Gottes Gnade, licht werden in Rußland. Ich glaube», setzte er leise hinzu, «du kennst jene Stelle wohl, aber du wagst sie nicht zu betreten.» Schluchzen schüttelte den Zaren; Alexej schloß ihn in die Arme: «Mein armer Bruder, mein armer Sohn», sagte er tröstend, «ich werde für dich beten; fürchte die Menschen nicht, du bist auf einem guten Weg.»

Hinter dem Wagen des Zaren hatte sich der des Generals Diebitsch eingefunden. Noch hatte sich das Dämmer nicht zerstreut; ein unbestimmter Herbsttag wollte sich durchringen. Alexanders Blicke hingen während der Fahrt unverwandt an den Türmen der Kathedrale St. Peters und St. Pauls, die, von den dunklen Wällen der Festung umgeben, die Gebeine seiner Väter beschützten. Auf einer kleinen Erhebung an der Grenze der Stadt gab er Ilja, dem Kutscher, einen Wink; der Wagen hielt, und in weitem Abstand hielt auch der Wagen Diebitschs. Eben erreichte ein fahles Licht die aufblitzenden Türme, während die flache, riesige Häusermasse im Schatten schwerer Wolkenbänke lag. Der Zar erhob sich und blickte lange auf die Stadt zurück; seine Lippen bewegten sich, vielleicht um Abschied zu nehmen, vielleicht um ein Gebet zu sprechen. Zarskoje Selo erschien und verschwand mit seinen langen Fronten und kalt glänzenden Scheiben in der Ebene. Dann begann das eintönige Kommen und Fliehen der Flächen, der wenigen Gefährte und Ortschaften, das der Zar aus seinen früheren Jahren liebte. Nur auf den Stationen, oft vor dem Wagen stehend, während die Pferde gewechselt wurden, sprach er mit Diebitsch, der seine Weisungen erwartete, ohne sich in seine Gedanken zu mischen; da und dort ließ er Vorkehrungen treffen für die Reise der Kaiserin, die in wenigen Wochen in Begleitung des Fürsten Wolkonsky und des Arztes denselben Weg nehmen sollte. Die Heiterkeit früherer Jahre leuchtete zuweilen, von unübersehbaren Erinnerungen geweckt, in seinen Worten auf; aber immer wieder drängte er die Bilder aus den so oft durchfahrenen westeuropäischen Ländern zurück, als wolle er keinen Anteil mehr nehmen an dem reichen und glanzvollen Leben, das er jenseits der Grenzen Rußlands geführt hatte.

In den ersten Tagen wurden die vorgesehenen Zeiten und Stationen so peinlich eingehalten, wie es immer auf Alexanders Reisen geschah. «Wir sind eine halbe Stunde zu spät», sagte er, die Uhr hervorziehend, als eine schadhafte Straße sie aufgehalten hatte. Da mußte er lächeln über der Betrachtung des Zifferblattes: «Wie seltsam! Als ob nun wirklich keine Zeit wäre; und Himmel und Erde und wir selbst sind immer dieselben.» Von da an verwischte sich für einige Zeit die Spur des Reisenden; vielleicht ist aber doch er es gewesen, der in einer der südlichen Militärkolonien, in einen dunkeln Mantel gehüllt, an der Ecke einer Schenke lehnte und auf das herausschallende Gespräch der Gäste lauschte. Über den einförmigen, nach einem streng geometrischen Plane angeordneten Häusern dämmerte der Abend. Gesänge, aus denen unstillbares Heimweh klagte, hallten aus den Fenstern auf die breite, von vielen Furchen durchzogene Straße. Die Stimmen wurden heftiger. Ein Bauer erbitterte sich über die harten Übergriffe der Soldaten; diese warfen den Bauern vor, daß sie ihnen das Brot nicht gönnten. Nun mischten sich andere Bauern ein, deren Töchter und Weiber bedrängt wurden. Einer, der aus der Stadt gekommen war, nannte den Namen Araktschejews als des Urhebers namenlosen Unglücks; er sei daran schuld, daß man ihnen den Frieden genommen habe auf dem Lande und Bauern und Soldaten unter demselben Dache zusammensperrte, die sich doch nie vertragen hätten. Ein Sergeant suchte den Minister zu verteidigen, aber Haß und Zorn antworteten ihm von allen Seiten; es kam zum Streite. Doch plötzlich rief eine trunkene Stimme den Namen des Zaren aus, der ihr Vater sei und von all dem Leid nichts wisse. Wenn der Zar wüßte, wie die Bösen sein Volk plagten, so würde er ihm helfen; er sei ein Engel, den der Himmel herabgesandt habe. Diese Worte fanden dröhnenden Beifall; Bauern und Soldaten fielen einander in die Arme und tranken und sangen fort, während dem Lauscher die Tränen aus den Augen stürzten. Er warf ein paar Münzen auf die Schwelle der Schenkentür und eilte fort. «Welch ein trauriger Traum ist doch das Leben für unser Volk», sagte er eines Morgens unvermittelt zu Diebitsch. Dann trennte er sich, nur in Gesellschaft Iljas, auch von Diebitsch, als die Wälder an der Wolga wie ein ruhevoller Acker im mattgoldenen Lichte heraufstiegen. Der Wagen versuchte, noch eine Strecke weit auf der sumpfigen, überwachsenen Straße in den Wald zu dringen; bald aber blieb er stehen.

Um diese Zeit erschien bei den Frommen in den Wäldern ein Fremder, zu dem sie rasch Vertrauen faßten. Schon daß er sich als Kaufmann ausgab, weckte ihre Neigung. Es gab viele reiche Kaufleute, namentlich unter den in Moskau ansässigen, die in den Wäldern Rast machten und den Frommen Nachricht brachten von ihren Freunden in der Stadt und auf dem Lande. Solche Kaufleute waren auch ihre großmütigen Gönner. Der Fremde hörte dem Gesange zu, der sich am Abend emporschwang über die mächtigen Kronen. Schulter an Schulter standen die Singenden im Kreis, in weiße Gewänder gekleidet und mit geflochtenen Gürteln gegürtet; sie begannen sich in der Richtung des Sonnenlaufes zu bewegen, bis eine dunkle Gewalt sie ergriff und zu leidenschaftlichem Tanze trieb. Ihr Gesang verkündete mit furchtbarer Bestimmtheit den Fall des Bestehenden, den Aufgang einer ganz neuen Welt. Sie sollten sich zusammenhalten als Schiffsleute, die sie waren, auf dem wildbewegten Meere des Herrn, beschützt vom Heiligen Geiste, von Peter, dem heiligen Zaren, und seiner Mutter. Denn der heilige Zar werde wiederkommen und zu Moskau die große Glocke der Himmelfahrtskathedrale läuten; er werde alles gläubige Schiffsvolk zusammenrufen, die Maste setzen, die nicht fallen, die Segel spannen, die nicht reißen, das Steuerruder ergreifen, das nicht schwanke. Er werde den Anker werfen an sicherem Ort und mit den Auserwählten heiliges Land betreten. Nun stürzten sie in furchtbarer Erregung auf die Knie; der Gesang verwandelte sich in Schluchzen, während die dunkeln Vögel ruhelos kreisten über den Kronen und auf dem fernen Strome singender Widerhall sich langsam entfernte.

Einzelne unter den Frommen, namentlich die Greise, lebten in Baumstämmen; die andern hatten sich auf ihrer Wanderschaft durch die Wälder leichte Hütten gezimmert, in die sie den Fremden eintreten ließen. Er erschrak heftig, als er das Bildnis eines Gekrönten im Purpurmantel mit gewaltiger Krone fand, dem der Teufel ein Licht hinhielt. «Sei du der Vollstrecker meines Willens», war in altmodischen Zeichen über dem Bild zu lesen. Doch tiefer noch berührte den Gast das Bildnis eines Mannes, der eine entfernte Ähnlichkeit mit dem unglücklichen Zaren Peter III. hatte; Leid und Trauer zeichneten das Gesicht, das von einem schwarzen Bart umrahmt war; das Haupt war unbedeckt; ein blauer, mit schwarzem Pelze besetzter Kaftan umhüllte die Gestalt; auf das eine Knie, auf das die Hand sich stützte, war ein rotes Tuch geheftet, das heilige Zeichen der Selbstverstümmelung. Dies sei der Zar, erklärte ihm ein Greis, dessen Ankunft ihre Gesänge verkündeten; die Welt habe ihm viel Unrecht getan, aber unter ihnen, in den Wäldern, habe er Aufnahme gefunden und weit über sein hundertstes Jahr gelebt, während eine Verworfene über Rußland gebot. Einst habe ein Kaufmann dem Zaren Paul von ihm erzählt, und dieser habe den Heiligen gerufen; in Begleitung einer Prophetin und zweier Propheten sei der Heilige in Moskau vor den Selbstherrscher getreten, bereit, den Selbstherrscher als seinen Sohn anzunehmen, sofern ihm dieser als dem Verkünder der wahren Lehre Christi und Verwalter der Sache Christi auf Erden glauben wolle; doch Paul habe den Glauben verleugnet und den Heiligen ins Gefängnis werfen lassen, aus dem er auf wunderbare Weise wieder entwichen sei, so wie auch seine Vorgänger im Amte Christi der weltlichen Gewalt entgangen waren durch Kerker und Folterkammern und selbst durch Gräber hindurch. Damals sei der Fluch aufs neue und unabänderlich auf den Selbstherrscher und sein Haus gefallen. «Ist der Zar denn böse?» fragte der Fremde. «Der Zar», erwiderte der Alte, «zählt sein Volk; er steckt des Volkes Söhne in fremde, unwürdige Kleider und zwingt sie, Waffen zu tragen und ihm die Reiche dieser Welt zu gewinnen. Der Zar ist böse, denn er verlangt nur nach den Reichen dieser Welt. Aber einst wird der heilige Zar wiederkommen; er wird aus dem Süden heraufziehen gegen Moskau; dort wird er die große Glocke läuten, die Gläubigen aus ihren Kerkern und Wäldern rufen und ein furchtbares Gericht über die Ungläubigen halten. Dann wird des bösen Zaren Reich zerfallen wie ein Pergament im Feuer, und das heilige Rußland wird Frieden haben. Denn die Christus lieben, sind Pilger und Fremdlinge, Schiffsleute auf dem rechten Schiff, und Tänzer und Sänger in den Wäldern; die aber die Welt ergreifen, werden mit ihr untergehen wie mit einem morschen Boot.»

Der Fremde machte keinen Versuch, den Zaren zu verteidigen. Ob sie nicht für ihn beten wollten? fragte er nur; vielleicht sei er ein unglücklicher Mensch. «Still!» erwiderte der Alte, ihn heftig am Arm fassend; «wir nehmen keinen Anteil am Bösen; darum haben wir uns von der Welt geschieden, weil wir rein sein wollen. Kein Gebet errettet vom Gericht. Kümmere dich nicht um den Zaren; du gehörst zu uns, und wir sind gerettet.» So blieb der Fremde noch eine Weile unter den Pilgern und hörte ihre Verheißungen an, die sich ganz im Wunderbaren verloren, in der festen Hoffnung auf eine allverwandelnde Stunde. Aber hinter diesen Verheißungen erdämmerte die Geschichte jahrhundertelangen verborgenen Leidens; Väter und Vorväter waren gejagt und gepeinigt worden von einer fremden, nach ihrer Seele verlangenden Gewalt. Einmal mußte etwas Furchtbares geschehen sein, mußte eine irdische Macht Anspruch erhoben haben auf die Heiligtümer der Seele, und seither wanderten die Geschlechter, die keine Heimat mehr hatten, hinaus in die Wälder, suchend und duldend und immer leidenschaftlicher hoffend. «Wißt ihr es so sicher, daß der große Tag kommen wird?» wagte er einmal zu fragen. «Oh, wir wissen es», erwiderte ein Weib, «er ist ganz nah; eines Morgens wird er hinter den Stämmen unseres Waldes aufblitzen in seinem hellen Schein; wir werden nicht sterben, eh er kommt.» Dem Fremden schossen die Tränen aus den Augen. Am Abend, als er sich neben dem Alten schlafen legte, bat ihn dieser zu bleiben; er tauge nicht mehr für die Welt. «Ich muß noch einmal hinaus», erwiderte der Gast; «aber dann komme ich vielleicht wieder, und ich werde mit euch leben und beten.» Lange wachte er noch, während der Wind mit den Kronen und dem Laubwerk der Hütte spielte; eh es hell wurde, stand er auf und ging zwischen den Schläfern dem Waldsaume zu. Da er diesen erreichte, glühte ihm ein grelles Morgenrot entgegen, und nun hörte er auch, wie hinter den sich entzündenden Stämmen der Gesang sich erhob; es war die uralte, eintönige Melodie der großen Verheißung.

In den ersten Tagen schien der Zar Mühe zu haben, sich in Taganrog einzugewöhnen. Noch war die Ankunft in dem bescheidenen, einstöckigen Hause eines russischen Kaufmanns nur notdürftig vorbereitet. Von der alten Unruhe ergriffen, durchritt Alexander häufig die kleine, aus Stein- und Ziegelhäusern aufgebaute Stadt, die am Hange eines schroffen, kahlen Vorgebirges vor dem versandenden Meere lag; auf dem Platze vor dem Kloster der griechischen Mönche hielt er an, unter dem heraustönenden Gesang. Dann sprengte er hinaus, zur Mündung des Don. Der Fluß wälzte mit mächtiger, untergründiger Strömung die Sandmassen in das Meer; die Schiffe blieben weit draußen liegen, da sie den Hafen nicht mehr erreichten, und träge bewegten sich Ochsenkarren, beladen mit Waren und Menschen, durch die seichte Flut den Schiffen zu. Es kamen Stunden, da die

Sonne sich gleichsam verfing in dem farbigen, über dem stillen Meere schwebenden Gespinst aus Nebel und Dunst; verglutend, in riesiger Größe, mit verschwimmenden Rändern, hing sie fest über den Schiffen, die die Segel gestrichen hatten. Dann stand der Reiter, während Ilja, als spüre er den Wunsch seines Herrn, weit zurückblieb. Ruhe schien in die Seele des Zaren zu kommen. Am Wege zog sich eine Kette seltsamer, kegelförmiger Grabmäler hin, die, in der Unbestimmtheit aller Umrisse und Maße, zuweilen wie hohe Hügel erschienen. Von einigen starrten verwitterte Häupter aus Granit fragend in die Weite hinaus, von andern waren die Bildwerke herabgesunken in die Wälle am Fuße der Hügel, deren viele aufgebrochen waren; in dem dunkeln Innern bleichte Gebein zwischen den Trümmern ausgeraubter Gefäße. Nun tauchte in weiter Ferne ein Warenzug der Kosaken herauf, der unter langgedehnten Schreien von der Krim gegen Asow zog. Riesenhaft erschienen die hochbeladenen Dromedare mit ihren nickenden Schlangenhäuptern vor den Hügeln, während der Boden leise schwankte und hallte. Vögel wanderten in ruhelosen Kreisen mit dem Zuge. Dann und wann schwebte eine Felsenlandschaft, herübergespiegelt aus namenloser Ferne, über der Ebene und dem Meere; auf wilder Zacke, über die ein Gießbach niederstürzte, stand ein zertrümmerter Turm, und dahinter gipfelte das Gebirge in schneeschimmernder Höhe. Aber das alles war gewichtlos wie der Dunst über dem Meer und die Schatten, die sich in ihm verloren. Alexander verspätete sich oft, bis er plötzlich die aus der Flut steigenden Schauer spürte; sie kamen vom Heimwege ab und hatten nur die in trügerischer Nähe auf dem Meere schwankenden Lichter zum Geleit; die Flut umspülte die Hufe der Pferde; es war, als wollten Nähe und Ferne, Land und Meer in einem geheimnisvollen Zwischenreich zusammenfließen.

Die Posten verspäteten sich, aber es schien dem Zaren

keine Sorge zu bereiten; so gut es angehen wollte, überließ er dem General Diebitsch die Geschäfte. Dieser hatte sofort die Arbeit begonnen, während sich auf des Zaren Tisch, im Widerspruch zu der Gepflogenheit so vieler Jahre, die Schriftstücke ansammelten, die Diebitsch mit fester Hand für die Unterschrift vorbereitet hatte. Aber eben die Unterzeichnung fiel Alexander schwer; mehr als einmal legte er die Feder wieder beiseite; er rief Diebitsch aus dem Nebenzimmer herein, fragte und forschte, um sich auch geringer Einzelheiten zu vergewissern; war er wieder allein, so konnte er sich doch nicht entschließen. Ilja, der als einziger ohne besondere Erlaubnis eintreten durfte, verstand, daß sein Herr betete über den Schriftstücken; er blieb an der Tür stehen und betete mit; nur als er am hellen Tage eine brennende Kerze auf dem Tisch sah, ging er erschreckt hinzu und drückte die Flamme aus. Alexander sah lächelnd auf: «Ah, ich verstehe: eine Kerzenflamme bei Tageslicht, das bedeutet ja, daß ein Toter im Hause ist.» Im ganzen lauteten die aus Moskau und Petersburg eintreffenden Nachrichten beruhigend; nach der rätselvollen Abreise des Zaren war offenbar Stille eingetreten; es konnte sein, daß die verborgenen Gegner überrascht und ihre Pläne durchkreuzt worden waren.

Nur der Vorbereitung auf die Ankunft der Zarin widmete sich Alexander mit Eifer; er ließ von den durchziehenden Kosaken Stoffe in besonderen, verhaltenen Farben einkaufen und mit diesen die zwei für Elisabeth bestimmten Gemächer auskleiden, in deren fürsorglicher Wahl er lange geschwankt hatte, bis er sich doch für die vom Meere abgelegene Seite entschied; er hatte einige Nächte in den auf die See gerichteten Zimmern zugebracht und, namentlich wenn gegen Morgen der Wind aufstand, das Geräusch der andringenden Wellen als störend empfunden. Einige Stiche, mit denen er nun die Wände schmückte, hatte er mitgebracht: Auf waldigem Berge thronte eine zertrümmerte Burg, darunter barg sich eine eng zusammengedrängte kleine Stadt zwischen dem höher gelegenen Schlosse und einem wuchtigen Kirchturm; ein anderes Bild zeigte schwellende Rebgelände, hinter denen der Turm eines gotischen Münsters aus der Ebene emporstieg. Für seine eigenen Zimmer äußerte der Zar keinen andern Wunsch als den nach üppigen Pflanzen, die er vor die Fenster stellen ließ; erst als die breiten Blätter das Sonnenlicht abhielten und ein tiefes, grünes Dämmer sich in den Räumen verbreitete, vermochte er darin auszuhalten. Indessen liefen Nachrichten von den Reisenden ein, die sich in der vorgesehenen Zeit näherten. Am Tage der Ankunft ließ Alexander das Haus umkränzen; dann ritt er den Erwarteten entgegen, mit einem letzten Blick über den Garten; was der späte Herbst und das Land noch an Blumen zu bieten vermochten, hatte der Gärtner glücklich zur Entfaltung gebracht.

Während der Arzt, Baron Wylie, sich an den General Diebitsch anschloß, hatte der Fürst Wolkonsky das Glück, an dem immer schöneren Einklang teilzunehmen, der die Gatten wieder verband. Er begleitete das Paar auf den Fahrten am Meer; doch wurden dafür aus Rücksicht auf die Gesundheit der Zarin meist frühere Stunden gewählt, als sie Alexander für seine Ausritte liebte. Wolkonsky hatte eine eigene Gabe, die Weisen zu singen, die er der russischen Weite abgelauscht hatte; wenn der Wagen hielt an einer erhöhten Stelle der Uferstraße – es war fast immer derselbe Ort, wo die Grabhügel ansetzten und der Blick über die Bucht und das Inselgewirre vor der Strommündung flußaufwärts über die still stehenden Schiffe und Boote schweifen konnte gegen die Stadt Rostow und in die langsam sich verdunkelnde Ebene –, erlangte die leise, von einem geheimen Beben erfüllte Stimme des Fürsten eine eigentümliche Gewalt über die Hörer; jene Übermacht der Empfindung, die sich dann und wann Alexanders bemächtigte und seinem Blicke etwas Trunkenes gab, kam über ihn. Er schloß die Gattin oder den Freund in die Arme; Ahnungen, die er lange verschwiegen, lösten plötzlich seine Lippen; er meinte, es müsse etwas im Menschen sein, das ihn über alle Grenzen dränge, und unter der Macht dieses Verlangens müsse er handeln; diese Gewalt habe ihn so einsam gemacht unter den Fürsten und Staatsmännern Europas; nur in Napoleon sei eine ähnliche Macht gewesen, die aber nicht in der Weite der Welt, sondern in deren Abgrund entsprungen sei; darum hätten sie einander bekämpfen müssen, darum sich im Grunde auch viel besser verstanden als mit ihren Freunden und Bundesgenossen. Aber es bedurfte nur einer flüchtigen Erinnerung an gegenwärtige Zustände, an die Militärkolonien oder an die letzte Überschwemmung Petersburgs – welches Bild der Anblick des Stromes hervorrief –, um Alexander in tiefste Traurigkeit zu versetzen. «Warum habe ich Napoleon bekämpfen müssen mit unreinen Händen!» rief er plötzlich, so daß ihn Elisabeth fassungslos, der Freund mit tiefem Erschrecken ansah.

Bald schien der Zarin das Haus lieber zu werden als die Landschaft. «Hier habe ich alles», sagte sie am Abend eines stillen Tages, den sie am offenen Fenster verbracht hatte, «ich höre die Glocken und das Meer.» Alexander ließ Muscheln suchen und sie in das Zimmer Elisabeths bringen, die ihre Freude hatte an den sich zusammenfügenden, ineinanderklingenden Farben, in denen die langen, verhaltenen Übergänge der Tageszeiten vom ersten blassen Rot der Frühe bis zu den schwarzviolетten Schatten der Nacht sich spiegelten, als hätte jede Brechung des Lichtes Gestalt angenommen in der Meerestiefe. Ihn ergriff die Jagdlust früherer Jahre; er stieg mit Ilja in das Vorgebirge hinauf, über dessen kahlen Zinnen die Raubvögel kreisten. Als er zurückkam, fand er ein Bild Sophiens auf dem Tisch, das er lange schon vermißte; Elisabeth hatte es, da sie vor ihrer Abreise die Zimmer Alexanders durchschritt, an sich genommen. Einmal sann er der Frage nach, wie lange sie wohl getrennt gewesen seien im Laufe ihres Lebens; er fand, daß es viele Jahre waren und wurde von plötzlicher Reue erschüttert. Aber Elisabeth wollte seine Vorwürfe nicht gelten lassen. «Du warst mir niemals fern», erwiderte sie; «es gab keinen Tag meines Lebens, der mir nicht durch den Gedanken erfüllt wurde, daß ich deine Gattin bin.» Eines Morgens ließ sich ein Oberst mit Namen Murawiew bei Diebitsch melden; aus früheren Dienstverhältnissen waren sie einander bekannt; der um Zulassung Bittende konnte sich darauf berufen, daß der General sich schon einmal seiner angenommen hatte. Da der Oberst eintrat, war er von einer merkwürdigen Erregung befangen; mit dem Ausdruck großer Offenheit erzählte er, daß er in einer höchst persönlichen Angelegenheit komme: er sei Tag und Nacht gereist, um den Zaren, dessen große Güte allein ihn entschuldigen könne, um ein Darlehen zu bitten; außerordentliche Umstände, die er dem Herrscher selbst vortragen wolle, drängten ihn zu diesem Schritt. Der General war von dem Ansuchen seines einstigen Schützlings peinlich berührt; die Gesundheit des Zaren bedürfe der äußersten Schonung, erklärte er kurz; vielleicht sei es möglich, ihm ein schriftliches Gesuch zu übergeben, Audienzen erteile er nicht. Murawiew hatte sich rasch in dem Raume umgesehen; er stellte sich vor die Tür, die in Alexanders Arbeitszimmer führte, und rief leidenschaftlich: dann würde seine letzte Hoffnung vernichtet; niemand könne ihm helfen außer dem Zaren. In diesem Augenblick öffnete sich die Tür, Alexander stand auf der Schwelle, die Hand am Gürtel, gespannten Ausdrucks. Während Diebitsch an seinem Tisch aufsprang, blitzte eine Waffe in Murawiews Hand, die gleich darauf, unter dem Schlag, den der Zar gegen den Arm des Attentäters geführt hatte, in der Mitte des Raumes auf den Boden krachte. Als Diebitsch hinzueilte, brach Murawiew unter einem Weinkrampf zusammen; Diebitsch nahm ihm die

Waffen ab und durchsuchte seine Taschen, ohne Papiere zu finden. Alexander war bis in die Lippen erblaßt, doch ließ er es nicht zu, daß die Wache gerufen wurde; offenbar waren Murawiews Nerven in solchem Maße überreizt, daß von ihm nichts mehr zu befürchten war. So wagte der General keinen Einwand, als Alexander den Attentäter in das anstoßende Zimmer führte und bat, ihn mit Murawiew allein zu lassen. Nur schwer konnte sich dieser, während der Zar sich um ihn bemühte, in die Umgebung zurückfinden und das Vorgefallene sich vergegenwärtigen; plötzlich schlug er die Hände vors Gesicht in entsetzlicher Scham, die er aber nicht vor dem Zaren, sondern allein vor sich selber zu haben schien. «Warum trachten Sie mir nach dem Leben?» fragte Alexander, noch immer im Ton und der Haltung eines Arztes, indem er den Oberst, der sich endlich erheben wollte, wieder in den Sessel niederdrückte. Murawiew mochte die Umstände noch einmal überdenken; dann sah er dem Herrscher mit entschlossener Feindlichkeit ins Antlitz: «Ihre Hand lastet mit tödlicher Schwere auf Ihrem Volke. Sie herrschen durch die Gewalt und müssen durch diese fallen. Vergeblich verbergen Sie sich hinter Männern wie Araktschejew; mich täuschen Sie nicht; Sie billigen, was er tut; er ist Ihresgleichen, ist nur Ihr Wille. Es geht Ihnen um Ihre Macht, nicht um das Wohl der Untertanen, geschweige denn um das Glück, das Gott der Herr den Menschen zugedacht hat.» – «Sie sprechen von Gott?» fragte Alexander erstaunt. «Ja, ich spreche von ihm», antwortete der Oberst in bitterer Selbstironie, «und ich wollte doch für ihn handeln. Es bleibt mir in der Tat nichts mehr, als von ihm zu sprechen.» – «Sie glauben», forschte Alexander erschauernd, «daß es eine gottgefällige Tat sei, mich zu töten?» – «Das glaube ich; denn auch Ihr Volk wurde von Gott für die Freiheit geschaffen und nicht für das schändliche Sklavendasein, zu dem Sie es täglich erniedrigen. Sie verwerfen einen jeden Anspruch auf Verantwortung, auf ein wahres menschliches Leben, wie es auch Ihre Vorfahren getan haben. Nie haben Sie etwas anderes gewollt als den Besitz, den Besitz Rußlands wie eines Dinges. Sie und Ihr Haus und alle, die Ihnen dienen, widersetzen sich dem Willen Gottes, darum wird er einen Mann erwecken, der Sie vernichtet. Ich hatte zu wenig Geduld, und ich erwartete viel zu viel von mir selbst. Ich armer Schwächling bin dieser Mann nicht; aber er wird kommen! Ich will das Opfer sein an seinem Wege.» – Der Zar sammelte die ganze Kraft seiner Seele: «Ich verstehe Sie vielleicht nicht ganz. Glauben Sie an Jesus Christus?» Murawiew sah ihn fassungslos an: «Ich glaube an den Willen Gottes, an seinen Plan, an das Gebot, das er dem Menschen gegeben hat. Mehr brauche ich nicht.» – «Aber begreifen Sie denn nicht, daß das nicht von Ihnen abhängt und von Ihrem Bedürfnis? Daß vielmehr Christus der Herr vor Ihnen steht und Sie einfordert?» Murawiew stand auf: «Sie wollen mich verwirren. Warum richten Sie mich nicht? Übergeben Sie mich den Schergen Araktschejews, die mögen mit mir verfahren wie mit unzähligen andern in den finstern Verliesen, über die Sie Gewalt haben. Das ist Ihres Amtes. Weiter reicht Ihr Amt nicht.» – «Nein», sagte Alexander ruhig, «Sie sind noch nicht am Ziele; Sie haben bis heute vielleicht das Wirken Christi noch nicht erfahren. Er ist Ihnen noch aus keinem Menschen entgegengetreten, und wenn Sie mir daraus einen Vorwurf machen, so haben Sie recht. Sie sind noch auf dem Wege zu ihm, und ich will diesen Weg nicht abbrechen. Gehen Sie; denken Sie daran, daß Er mächtig ist.» Murawiew sah den Zaren zweifelnd an; dann wich er mit einer eigentümlichen Bewegung zurück: «Ich sehe, Sie gehören nicht mehr in die Welt, in der Sie noch stehen. Sie sind Ihres Thrones und der Macht, die Sie einmal so rücksichtslos ergriffen haben» – diese Worte sprach er mit verletzender Schärfe –, «sehr müde geworden. Ihre Taten schlugen auf Sie zurück.» Der Zar hatte die Tür geöffnet. Nun stellte sich Diebitsch zwischen die Schwelle und den Obersten: «Ich bitte Euere Majestät, den Gefangenen vernehmen zu dürfen.» – «Er ist kein Gefangener mehr; er ist frei.» Der General bewegte sich nicht von seinem Platz. «Ich ersuche Sie», wiederholte Alexander, «den Obersten gehen zu lassen. Was ich zu wissen wünschte, habe ich von ihm erfahren.» Jetzt trat Diebitsch zurück; Murawiew verließ das Haus und entfernte sich landeinwärts, lange noch verfolgt von den Blicken des Zaren, der erst vom Fenster ging, als der Wanderer unsicheren Schrittes zwischen den Hängen des Gebirges entschwand. Als Alexander Diebitschs Zimmer wieder betrat, lag der Ausdruck tiefer Ermüdung auf seinem Gesicht; er sprach von Dingen, die in keiner Beziehung zu dem Vorgefallenen standen; dem General war es anzumerken, wie schwer er seine Bestürzung, vor allem aber seinen Unwillen über die Entlassung des Attentäters niederzwang.

Diebitsch verstärkte die Wachen. Wenige Stunden darauf wurde er durch die Meldung überrascht, daß der Hauptmann Maiboroda, der einem weit entfernt im Norden liegenden Regiment angehörte, ihn zu sprechen wünsche. Der Hauptmann trug die Spuren eines sehr langen Rittes auf seinem übermüdeten Gesicht; atemlos fragte er nach dem Ergehen des Zaren. Diebitsch war ihm entgegengegangen, während die Wache noch an der Türe stand: «Sie vergessen, daß es an mir ist, eine Frage zu stellen. Wer hat Sie beurlaubt? Was wünschen Sie?» – «Lebt der Zar?» fragte Maiboroda dagegen. «Ist hier nichts geschehen? Der Oberst Murawiew ... Wo ich durchkam, wurde mir gesagt, daß er schon vorüber sei. Sie müssen wissen, ich war tagelang auf seiner Spur. » Nun entließ Diebitsch die Wache. «War er denn nicht hier?» rief Maiboroda in äußerster Erregung. «Er war es», antwortete Diebitsch ruhig; «er machte einen Versuch, seine Absicht zu erreichen; aber der Versuch scheiterte. Darauf wurde der Oberst entlassen.» – «Entlassen? Aber wissen Sie denn nicht, daß er im Auftrag einer höchst gefährlichen Verschwörung gekommen ist?» – «Machen Sie Ihre Aussage vor dem Zaren», erwiderte Diebitsch nach kurzem Bedenken. Maiboroda hatte sich gefaßt; er berichtete, daß er eine ihm aufgetragene Dienstreise benutzt habe, um den Herrscher im letzten Augenblick zu warnen und ein Komplott zu vernichten, das vor vielen Jahren angelegt wurde und sich durch ganz Rußland ausgedehnt hatte. «Können Sie das Haupt der Verschwörung nennen?» fragte Diebitsch. «Ich kann es», erwiderte der Hauptmann, schwer aufatmend; «es ist der Oberst Pestel.» – «Das ist der Oberst Ihres Regimentes», warf Alexander mit tonloser Stimme ein; «wie kommt es, daß Sie Ihren Vorgesetzten bezichtigen?» – «Ich will nichts verschweigen: wir haben uns entzweit; ich selbst gehörte der Verschwörung an.» – «Pestel», sagte der Zar vor sich hin, «Kommandeur des Wiätzkyschen Regiments; er wurde am Hofe unter den Pagen erzogen; meine Mutter und ich selbst haben uns öfter für ihn verwandt.» – «Sein Ehrgeiz ist grenzenlos», fügte Maiboroda hinzu; «er verlangt nach der größten Tat und sucht sie im größten Verbrechen.» Diebitsch wandte sich wieder an den Hauptmann: «Da Sie so weit gegangen sind, werden Sie auch die Namen der übrigen Verschwörer nicht geheimhalten.» – «Einige», antwortete Maiboroda, «kann ich nennen: der Staatsrat Juschnewsky, der Fürst Bariatynsky, der Oberst Awramow.» Die Namen trafen Alexander wie tödliche Schläge; er sprach sie langsam nach und wiederholte sie dann, als wolle er sie sich eingewöhnen; seiner Bewegung kaum mehr mächtig, erhob er sich, dem General das Verhör überlassend. Erst gegen Abend verlangte er, Maiboroda noch einmal zu sehen. «Ich habe», sprach er ihn an, «nicht das Gefühl, daß Sie aus Treue zu mir gehandelt haben. Sie haben ja auch nicht alle Verschwörer genannt, sondern Ihnen näherstehende wohl ausgenommen. Daß Sie sich jetzt schon um die Macht gestritten haben, nach der Sie greifen wollten, ist möglich. Aber ich suche doch etwas anderes hinter Ihrer Tat. Sagen Sie es ruhig: Warum haben Sie erst mich verraten und dann Ihre Gefährten?» – «Ich habe die Namen all derer genannt, die ich für untauglich halte», erwiderte Maiboroda fest. «Pestel und seine Freunde träumen von einer gemäßigten Verfassung. Vielleicht wollen sie nicht mehr, als das Alte retten. Nur ist es ihr Ehrgeiz, das mit Hilfe eines Verbrechens zu tun. Eines Abends, als ich – zum wievielten Male, weiß ich nicht mehr – ihnen zuhörte, wie sie von ihren Träumen redeten – einem ganz törichten Gemische aus Macht und Glück –, wurde mir plötzlich deutlich, wie einsam ich unter ihnen war; sie würden Rußland nur auf den Weg Frankreichs führen; das Feuer verbrennt am ersten Tag, dann bleibt alles beim alten. Aber dafür lohnt es sich nicht. Sie alle spielen mit der Vernichtung, ohne den Mut zu ihr zu haben. Als ich Pestel am letzten Abend fragte, wie er sich die Zukunft denke, erwiderte er, daß er zehn Jahre lang herrschen wolle, um das durchzusetzen, was er seine neue Ordnung nennt; dann wolle er in ein Kloster in Kiew gehen und dort als Einsiedler leben. Sie alle sind gebunden, darum haben sie auch einen Narren wie Murawiew gesandt.» – «Warum sagen Sie das mir?» fragte Alexander, seine Fassung mit Mühe bewahrend. «Weil Sie, sobald Sie es wissen, in meinem Sinne handeln müssen. Sie müssen Pestel und seine Anhänger töten lassen; dadurch werden Sie die schlimmste Gefahr vernichten, die meiner Sache droht. Denn die schlimmste Gefahr geht von denen aus, die nicht Ernst machen können mit dem Nichts und das Ziel auf irgendeine Weise vor sich selber verschleiern. Wie armselig ist ihre Rechnung! Sie meinen, der Teufel werde ihnen auf ein paar Jahre grobe Arbeit tun, dann könnten sie mit Gott wieder beginnen. Von diesen Halben scheide ich mich; ihr Tod ist mit meinem Leben nicht zu teuer bezahlt. Sie müssen noch vor Ihnen aus der Welt.»

Alexander blickte schweigend in den ungeheuern Abgrund, der vor ihm und dem Sprechenden aufklaffte. «Sind Sie allein?» fragte er endlich. «Oder denken schon viele wie Sie?» – «Nein, ich bin nicht allein, aber einsam. Doch wenn ich allein wäre, was wollte das sagen? Ich habe diese Gedanken gedacht; und Gedanken, die einmal gedacht wurden, werden wieder gedacht werden, ganz gleichgültig, ob der lebt oder stirbt, der sie als erster ausgebildet hat. Ich habe die Bresche in die Wand geschossen, sie wird nun nicht mehr heil. Die Gedanken, die Ihr Reich zerstören werden, sind da.» – «Haben Sie nie etwas in Ihrer Seele erfahren, das diesen Gedanken widerspricht?» – «Nur Schwäche; Sie sehen aber, daß ich bestrebt bin, sie niederzuringen; ein Geschlecht muß und wird kommen, dessen Ruhm es sein wird, das Nichts heraufzuführen.» Wieder war der Zar außerstande, das Gespräch fortzusetzen; der Hauptmann wurde der Wache übergeben. Lange hernach fand Ilja seinen Herrn im Arbeitszimmer auf den Knien; der Zar erhob sich; kein Trost, kein Licht lag auf seinen Zügen.

Den Fragen der Gattin, die wohl auf Iljas Wink das Zimmer betrat, wich Alexander aus, wie er ihr auch die beiden bestürzenden Vorfälle dieses Tages verschwieg. «Der großen Not», sagte er nur, «die sich seit langem anzeigte, kann ich nicht entrinnen; sie kommt von allen Seiten auf mich zu und wird mich auf jedem Weg wieder einholen. Wie dankbar bin ich dem Himmel, daß ich sie unter dem Dache auskämpfen soll, unter dem du lebst! Aber jetzt erst habe ich erfahren, daß das Geschick eines Volkes nur die Spiegelung der Vorgänge in der Seele seines Herrschers ist.» Er bat sie um ihr Gebet und überließ sie der Gesellschaft Wolkonskys, der von den drohenden Gefahren mehr ahnen mochte, als er sagte. «Ich fühle mitten im Glück etwas Furchtbares herankommen», bemerkte die Zarin, sich auf Wolkonskys Arm lehnend, während sie durch den Garten schritten, dessen letzte schüchterne Blüten im Zwielicht hinwelkten; «aber ich fühle auch, wie Sie sich bereit machen, es mit Alexander und mir zu tragen.» Indessen folgte der Zar mit einer gewissen Unschlüssigkeit einem Ansuchen Diebitschs, der um eine eingehende Besprechung gebeten hatte.

Der Wind trug vom Meere die Rufe eines Schiffes herüber, das vergeblich nach dem Hafen zu suchen schien; Fenster und Türen begannen zu zittern, während das Dunkel sich zusammenzog vor den Scheiben. Erschrocken gewahrte Diebitsch die Anzeichen einer fast krankhaften Erschöpfung auf den Zügen des Herrschers. Dennoch bestand der General darauf, daß die Regierung mit rascher, entschiedener Tatkraft zugreifen müsse, um die Verschwörung, die sich wie ein wucherndes Unkraut fortgesponnen hatte, samt ihren Wurzeln auszutilgen. Das Verhör Maiborodas hatte mehr Einblicke gewährt, als zu hoffen war; mit einer abgründigen Freude an der Zerstörung eines durch lange Jahre geförderten Unternehmens hatte der Hauptmann die geheimen Verbindungen ans Licht gezogen; doch war deutlich zu merken, daß er seinen Enthüllungen Grenzen gesetzt hatte, die er nicht im mindesten überschritt. Aber auch das entschlossene Drängen Diebitschs überzeugte Alexander nicht. Wohl stimmte er zu, daß die Gouverneure Petersburgs und Moskaus zu äußerster Wachsamkeit anzuhalten seien; allein das Verfahren gegen die Beschuldigten wollte er noch nicht aufnehmen lassen. Vergeblich waren alle Hinweise auf die das Land, die kaiserliche Familie, das Leben und den Wohlstand unzähliger Unschuldiger bedrohende Gefahr, auf geplante politische Unternehmungen, namentlich den Feldzug gegen die Türken, auf die Kostbarkeit der ablaufenden Zeit. «Ich müßte die Kraft finden, mit diesen Menschen zu sprechen; ich müßte stark genug sein, den Verschwörern Auge in Auge entgegenzutreten und mit ihnen um ihre Seele zu ringen», erwiderte Alexander, immer wieder an die Stelle zurückkehrend, wo sein Widerstand sich eingewurzelt hatte. «Verstehen Sie denn nicht, daß solche Absichten nur auftauchen in einem kranken Volk? Sie sind die Symptome eines Übels, das sehr tief sitzt. Mit Gefängnissen und Gerichten werden wir ihm nicht beikommen.» – «Nein, aber sie sind die einzigen Mittel, den Schlag aufzuhalten, der uns treffen soll.» Alexander blickte den General schwermütig an: «Diesen einen Schlag vielleicht, ja; aber doch nicht den nächsten oder den dritten.» Er sprach flüsternd, wie vom Schauder eines Geheimnisses ergriffen: «Sie müssen doch auch fühlen, daß die Diener des Teufels herein wollen in unser Leben, in unsere Geschichte. Sie haben eine Stelle gefunden, wo sie eindringen können. Eine Stelle ist krank.» Diebitsch schien den Herrscher plötzlich zu verstehen: «Ich bitte Euere Majestät, sich diesen Gedanken nicht hinzugeben. Diese Gedanken sind vielleicht die einzige wirklich tödliche Gefahr.» In leidenschaftlich beschwörendem Tone fuhr er fort: «Lassen Sie den Thron nicht! Sie dürfen sich in Ihrem Innern nicht um einen Schritt von ihm entfernen, sonst geht die Kraft vom Throne nicht mehr aus, die wir alle brauchen, und auch die tüchtigsten unter Ihren Dienern werden schwach. Nehmen Sie täglich ohne Einschränkung den Thron in Anspruch, den Gott Ihnen gegeben hat. Behaupten, erfüllen Sie die Macht mit Ihrem ganzen Selbst! Das ist Gottes Gebot!» Aber gerade dieses Wort schien den Kaiser furchtbar zu treffen. «Sie sind ein sehr enger Freund des Generals Bennigsen und des Grafen Pahlen; Sie dürften mit Dr. Wylie über mancherlei Dinge gesprochen haben. Es müßte Ihnen klar sein, welch ein Frevel in Ihren Worten liegt. Der Thron wurde mir nicht gegeben, er wurde geraubt.» – «Wie können Euere Majestät an der Fügung zweifeln, die Sie auf den Thron rief?» fragte der General bestürzt. «Es war keine Fügung, es war Gewalt. Als die Hände, die Sie kennen, mir die Krone boten, war mein Gewissen verletzt. Das ist die kranke

Stelle, von der ich vorhin sprach. In einem tieferen Sinne ist alles, was seither geschah, vergeblich gewesen.» Alexander sprach diese Worte sehr ruhig, wie von einem inneren Lichte berührt. «Euere Majestät haben keine treuern Diener als Bennigsen und Pahlen. Niemand hat mehr für Rußland und – für Sie geopfert.» – «Von Opfern müssen wir uns hüten zu sprechen; wir folgen einem Zwang oder einem Verlangen, die über uns hinauswachsen, und nennen das Opfer. Aber Opfer wäre doch nur das, was wir für Christus tun. Denn Er allein steht außen – das andere alles ist nur in uns selbst.» – «Ich muß Euerer Majestät sagen, daß ich bewundere, was Bennigsen und Pahlen getan haben.» – «Vielleicht müssen Sie das sagen, weil Sie Bennigsens Freund sind. Aber Sie sollten sich doch in acht nehmen vor diesem Müssen, Sie könnten sonst mitschuldig werden. War denn das, was damals geschah, recht?» Alexander stellte diese Frage in leidenschaftlicher Spannung. «Es mußte sein», erwiderte Diebitsch, schwer aufatmend; «unter der Regierung Ihres kaiserlichen Vaters drohte Rußland der Untergang.» Alexander ergriff Diebitschs Arm: «Wissen Sie das? Sind Sie Gott? Oder sind Sie ermächtigt, das Amt der Vorsehung zu verwalten? Und wenn es, wie Sie mit einem gewissen Pathos sagen, der ‹Untergang› gewesen wäre, wissen Sie denn, was dieser Untergang bedeutet hätte für Gottes Reich? Die Vorzeichen setzen nicht wir, die werden von oben gesetzt. Wir kennen den Wert der Ereignisse nicht; nur das, was wir im Augenblick tun sollen, das wissen wir. Es ist immer genau so viel Raum um uns, daß wir uns entschließen können – nicht vor der Zukunft, die wir nicht kennen, sondern vor Gott. Denn Er allein ist die Freiheit.» Diese Worte drohten Diebitschs Festigkeit zu erschüttern; sobald aber sein Blick die Papiere streifte, die sich auf die Verschwörung bezogen, faßte er sich: «Jetzt ist wieder ein solcher Augenblick; auch jetzt sieht Gott auf uns.» Alexander hob die Hand in das Licht der Lampe: «Ja; und wir können diesen Augenblick nur von jenem früheren her verstehen. Aber sehen Sie, diese Hand kann über Tod und Leben nicht mehr entscheiden; sie darf es nicht mehr; sie hat dieses Recht verwirkt.»

Diebitsch erbebte: «Ich bitte um ein Wort, um einen Befehl; nicht für mich – für Rußland, für Ihr Haus, für alles, was Ihnen und uns teuer ist!» Alexander stand auf: «Nein; als Bennigsen jene grauenvolle Tat vollbrachte, die Sie bewundern, und meinen Vater ermorden ließ, da wurde ich zerbrochen. Es ist fünfundzwanzig Jahre her; heute sehen Sie, daß ich zerbrochen bin.» – «Wie viele waren zerbrochen vor Ihnen – und standen doch. Und das Amt stärkte sie – und niemand sah den Riß im Bilde der Majestät. Es muß doch etwas geschehen. Sie selbst sprachen von den dunkeln Gewalten, die Rußland bedrohen. Sollen die herrschen?» – «Um Ihnen zu antworten, bedürfte ich einer Gewißheit, die ich noch nicht habe. Meinen Sie, mein Herz sei nicht mit den Dingen verwachsen, von denen es sich lösen will? Vielleicht sind wir der Stelle ganz nah, wo das Licht uns sucht. Ehe es mich nicht gefunden hat, werde ich Ihnen keine Antwort geben.» Der Zar hatte seine Haltung zurückgewonnen. So verließ er das Zimmer, in dem Diebitsch den Rest der Nacht in qualvoller Unruhe verbrachte. Wenige Stunden nach der Unterredung mit Diebitsch, noch ehe es Tag wurde, fuhr Alexander in einem leichten, vielspännigen Wagen in westlicher Richtung am Meere hin. Das rastlose, dumpfe Aufschlagen der Hufe, das Fliegen der Mähnen und die leichten Schreie der Läufer, die auf den Pferden saßen, rührten kaum an die erhabene Ruhe der Nacht, die lautlos über dem dahinschießenden Wagen stand. Als die Wolken auseinandertraten, blinkte ein Komet von dem dunkeln Himmel nieder; der Zar richtete sich auf und rührte an Iljas Schulter: «Siehst du den Irrstern? Das bedeutet Kummer und Unglück.» – «Gottes Wille geschehe», erwiderte Ilja, ohne sich umzuwenden. Überraschend, mit den Anzeichen der Rastlosigkeit, die im Reiche gefürchtet war, erschien der Zar in den Städten der Krim, da und dort als Herrscher sich zeigend und eine neue Hafenanlage, den Bau einer Kaserne oder einer Straße prüfend oder als Gast auf einem der prächtigen fürstlichen Felsenschlösser der südlichen Küste kurz verweilend; er sah dann in den Lichterglanz der Säle und den bunten Schimmer der heraufduftenden Gärten oder über das von grell verzuckenden Feuern und auslöschenden Raketen überflammte Meer mit dem Ausdruck tiefer, gefaßter Schwermut, als habe er dies alles einmal besessen und den Verlust doch schon verschmerzt. Oft auch, im eiligen Weiterreiten, schien er wie betäubt vom Anblick fremdartiger Städte, die unter ungeheuern Massen würfelförmiger Felsen sich in engen Tälern bargen; er hielt zwischen den spitzen Hügeln von Wassermelonen, die auf den Plätzen aufgetürmt waren, und schaute gebannt über das Gewimmel der schweren Karren, die mit knirschenden, kreischenden Achsen sich vorüberquälten, während die Händler in ihren bunten Kleidern durcheinanderschrien und da und dort sogar die Frauen wagten, hinter den halboffenen Türen und Fenstern hervorzublicken.

Noch einmal, in Sebastopol, nahm er eine Parade über die dort zusammengeballten Streitkräfte ab; in tiefer Nacht sprengte er von der Kathedrale, wo er lange gebetet hatte, an den von Fackeln erleuchteten Strand; dann stob im grellen, bewegten Licht die Heeresmacht an ihm vorüber unter wild-melancholischen, fremdartigen Weisen, indessen ein Gewirre von Lichtern sich über das Meer hin nachzog. Der Zar faßte plötzlich den Arm des neben ihm haltenden Generals und fragte diesen, warum er so viele Kranke dienen lasse; in jedem Glied sehe er Männer mit entzündeten oder erloschenen Augen. Dies sei, erwiderte der General verlegen, die Folge der befohlenen Hafenarbeiten; seitdem die Kalkfelsen abgetragen würden, bilde sich ein Staub, der die Augen der arbeitenden Soldaten zerstöre. Alexander erwiderte nichts; er brach die Truppenschau unvermittelt ab und ritt, der Volksmenge ausweichend, auf einem Umweg in die Stadt zurück, die er bald darauf verließ. An einem ungewöhnlich heißen Tag klomm er zu Pferde, nur von Ilja und einem Tataren, der ihnen den Weg zeigte, begleitet, von Balaklava zu dem alten Felsenkloster St. Georgs hinauf. Spät erreichte er die kahle Höhe, von deren Klippen zerbrochene Türme auf das Meer und die am Eingang der Bucht tanzenden Boote und Zweimaster niederstarrten. Die Luft stand klar über der Weite. Obwohl der Tatar ihn warnte vor dem aufspringenden Ostwind, verließ der Reisende das Kloster erst spät, als der Wind ihm schon heftig entgegenblies; er hüllte sich in den Mantel, warf diesen aber gleich wieder Ilja zu im Gefühl unerträglicher Hitze; doch bestand er auf seinem Vorsatz, in der Stadt ein Militärhospital zu besuchen, das er vor kurzem hatte einrichten lassen. Er hatte den Saal prüfend durchschritten und wünschte entschieden, in eine Kammer einzutreten, in der ein Sterbender lag; es sei, bedeutete ihm der Arzt auf seine Frage, ein Invalide, der vor etwa fünfundzwanzig Jahren im Preobrashenskischen Regiment zu Petersburg Dienst getan habe. Während der Arzt am Fußende des Bettes stehenblieb, beugte sich der Zar über den Sterbenden; vielleicht wollte er in dem schon verwandelten Antlitz die Spur einer Erinnerung wiederentdecken. «Erkennst du mich?» fragte er nun, an das Ohr des Sterbenden gebeugt. Dieser sah ihn lange an; dann schoß ein furchtbarer Blitz aus seinen Augen: «Wie sollte ich den Zaren nicht kennen, der seinen Vater ermordet hat!» erwiderte er mit lauter Stimme. Der erschrockene Arzt sprach verwirrt von den entsetzlichen Träumen, von denen der Kranke seit längerer Zeit heimgesucht werde. Alexander blieb stumm; wie ein Verwundeter schleppte er sich zum Wagen, die unverzügliche Heimreise nach Taganrog anordnend. Die Ungeduld des Reisenden wuchs mit einem jeden Tage; Ortschaften und Blicke, die ihn auf der Herreise erfreut hatten, erregten keine Aufmerksamkeit mehr; das Fieber kehrte mit heftigen Anfällen zurück, doch endete der Versuch, in einer der größeren Seestädte einen Rasttag einzuschalten, mit einem furchtbaren Weinkrampf. Vielleicht war der Zar der Einsamkeit des Gastzimmers, vor dem das fahl gewordene Meer sich dehnte, nicht mehr gewachsen. Indessen kündigte der Winter sich an; die Straße wurde hart, und mehr als einmal geriet der Wagen, den die übermüdeten Kutscher und Läufer nicht mehr sicher führten, an den hartgefrorenen Rinnen und Schollen ins Schleudern. Ilja wagte seinen Herrn um ein wenig Geduld zu bitten, aber der Zar wies ihn unwillig ab. Sobald ein Fuhrwerk in der Ferne auftauchte, peitschten und reizten die Läufer die Tiere, bis es überholt war. Als auf einer von der Landseite schräg einmündenden Straße in entgegengesetzter Richtung ein Sechsspänner heranflog – es konnte ein Kurier sein, der von der Hauptstadt des Gouvernements nach der Krim eilte –, wollte der kaiserliche Wagen ihm die Straßenkreuzung abgewinnen; aber der Kurier, der nicht ahnen konnte, mit wem er in Wettlauf eintrat, ließ seine Pferde nur um so heftiger antreiben. So jagten die beiden Gefährte mit gleicher Geschwindigkeit auf die Straßenkreuzung zu. Der kaiserliche Wagen schoß eben vorüber, da drohten die fremden Pferde den kaiserlichen in die Flanke zu rasen; und wie nun die Lenker versuchten, den Wagen des Zaren herumzuwerfen, stießen die Räder gegen einen hartgefrorenen Erdwall, so daß Ilja von seinem hohen Sitze gegen einen Findlingsblock geschleudert wurde, der an der Straße lag. Während das Gefährt des Kuriers davonstob, eilte der Zar zu dem Verunglückten zurück. Dieser lag, mit einem schmalen Blutstreifen auf den bärtigen Lippen, wie hingebettet unter dem Stein; sein Atem, sein Herz waren still geworden. Der Zar kniete nieder und legte das blutende Haupt in seinen Schoß; er strich über die üppigen, dunkeln Haare, als könne er noch Schmerzen beschwichtigen oder Geschehenes wiedergutmachen. Keiner der Diener, die barhäuptig an der Straße standen, wagte, ihn anzureden. Erst schien er zu beten, dann in tiefes Nachdenken zu versinken, währenddessen seine Blicke weit hinaus über das Meer schweiften. Die Erschütterung wich dem Ausdruck einer sonderbaren, befreienden Gelassenheit; er ließ den Toten mit einem Tuch bedecken und in den Wagen tragen, dann ordnete er die Weiterfahrt an; der Kutscher sollte sich so einrichten, daß sie zur Nachtzeit Taganrog erreichten.

Das Haus lag in tiefem Dunkel. Der Zar befahl, den Toten im Wagen zu lassen, und öffnete vorsichtig die Tür. Alles war unverändert; vor Sophiens Bild standen frische Blumen; auf dem Tische lag kein Blatt, das ihn an seine Pflichten hätte erinnern können. Aber in Diebitschs Zimmer, das er für einen Augenblick betrat, waren die Akten aufgehäuft; von Grauen, Müdigkeit und Ekel befallen, zog er sich zurück. Nun brach das Fieber wieder durch; die Bilder der Reise umdrängten das Bild des Toten, bis dieses immer mächtiger wurde. Ein wunderbarer Ausdruck von Güte umspielte die bleichen Lippen Iljas; es war, als ob er seinen einstigen Herrn an die Brust nehmen wollte, wie es der Alte in den Wäldern getan, um ihm tiefen Schlaf und Frieden zu schenken; eine Art von Güte und Barmherzigkeit teilte sich dem Schlafenden mit, die vielleicht mächtiger war als aller Trost, den er im Leben erfahren. Als das ins Übernatürliche gewachsene Bild im schwachen Licht eines wolkenschweren winterlichen Tages zerrann, saß die Zarin am Bett des Kranken; sie berichtete, daß General Diebitsch schon zweimal gebeten habe, vorgelassen zu werden. Wie Alexander es nach traumbewegten Nächten zu tun gewohnt war, versetzte er sich mit einer heftigen Willensanspannung in den Zustand vollkommenen Wachseins: «Nein, ich kann und will ihn nicht sprechen; er darf auf keinen Fall vorgelassen werden», sagte er heftig, dann lehnte er sich zurück und verharrte lange Zeit schweigend, der Gattin zusehend, die an ihre Mutter in ihre ferne Heimat schrieb. Nur der Gang der Uhr war durch das Brausen des Windes und das Tosen des Meeres zu vernehmen. «Welch ein Glück!» sagte er leise, «und wie lange haben wir darauf gewartet!» Er schwieg wieder; seine Blicke hingen an dem auf das Blatt geneigten Antlitz der Gattin, dessen vom Leid gezeichnete Züge von leiser Freude überhaucht waren. Plötzlich ergriff er ihre Hand: «Ich habe dir ein großes Glück zu danken, und doch ruht dieses Glück auf einer Lüge; aber die Stunde ist gekommen, da ich diese Lüge nicht mehr verheimlichen kann.» Sie sah ihn erschrocken an; dann schüttelte sie lächelnd das Haupt: «Nein, Alexander, das kann keine Lüge sein; ich spüre doch deinen Herzschlag und den Frieden deiner Seele.»

«Es ist ein Friede», antwortete Alexander langsam, «der schon von jenseits eines furchtbar schweren Entschlusses kommt; ich habe mir diesen Frieden nur entliehen, noch nicht erworben. Aber die Dinge und Ereignisse haben mich von allen Seiten umstellt, und ich muß heute zur Wahrheit durchbrechen. Elisabeth, ich muß dir mein Leben erzählen, mein eigentliches Leben, das du nicht kennst. Es wird dich ein Entsetzen befallen, das ich dir gerne erspart hätte. Aber vielleicht kann ich dieses Zimmer nicht mehr als derselbe verlassen, der es betreten hat. Bis an diese Wand hat mich das Schicksal – ich möchte sagen: hat mich Gott getrieben, und nun muß ich sprechen. Aus meinen Worten wird dir das Kreuz entgegenkommen, das dir auferlegt ist. Ich bitte dich, nimm es an; wenn nicht mir, so wird es doch dir zum Heile werden.» Sie hatte den Brief geschlossen. «Ich ahnte, daß du einmal sprechen werdest», sagte sie ruhig; «ich will alle meine Kraft sammeln, daß ich dich an jeder Stelle deines Weges verstehe.»

«Vielleicht», begann er nach einigem Schweigen, «erinnerst du dich noch des Augenblickes, da wir am

Totenbett meiner Großmutter Katharina standen. Sie war wie eine glücklich Schlafende; Anmut, Friede und Majestät spiegelten sich auf ihrem Antlitz, als hätte sie ein gesegnetes Leben unter besonderer Gnade beschlossen; selbst ein Schimmer der Jugend, deren Schwinden ihr einziger Kummer war, lag wieder auf ihren Zügen wie ein später Lichtstrahl, von dem man nicht weiß, woher er kommt. An mir hat sie leidenschaftlich gehangen – von Liebe wage ich nicht zu sprechen –, aber meinen armen Vater hat sie gehaßt.» Seine Gedanken schienen plötzlich den Vorfällen auszuweichen, die er berichten wollte: «Ich war jetzt in den Wäldern an der Wolga; dort fand ich in einer Hütte ein Bildnis meines Großvaters, der den Frommen als heiliger Zar gilt; sie meinen, in ihm sei Christus wieder erschienen – so groß kann ein schwacher armer Mensch durch Leiden werden für unser Volk. Mein Vater muß meinem Großvater sehr ähnlich gewesen sein, und dies war der letzte Grund jenes Hasses; Katharina haßte ja nicht nur den Gatten und das entwürdigende Leben, zu dem er sie gezwungen, sie haßte – mit einem letzten verborgenen Schauder vor ihrer Tat oder der Tat der Verschwörer – auch ihre Schuld, die ihr mein Vater vergegenwärtigte. Denn er wurde von derselben inneren Unruhe gepeinigt wie mein Großvater; er konnte nirgends verweilen, nicht zusammenhängend sprechen und hielt es vor Atemnot in keinem Raume aus, ohne die Fenster aufzureißen. Über sein armes, erhitztes Gesicht, das nur den Blicken der Liebe Ernst und Edelmut unter der Maske leidvoller Häßlichkeit verraten hätte, lief dasselbe gefährliche Zucken, das Peter III. eigen war; Katharina jedoch wollte in klare, feste Gesichter sehen; die Gejagtheit, das Stottern zerrten an ihren Nerven und müssen eine immerwährende Erbitterung in ihr genährt haben. Kein Gedanke konnte ihr furchtbarer sein, als daß die rücksichtslos erworbene, fast überzahlte Macht dem Sohne zufallen sollte, der dem Vater in allen seinen verhaßten Eigenschaften ähnlich war. So drang der Haß in unser Leben. Die Zarin hielt meine Mutter und meinen Vater in unwürdiger Stellung vom Hofe fern, während sie mich und meine Brüder an den Thron zog; ich sollte im hellsten Glanze an der Stelle stehen, die meinem Vater gebührte, und er sollte vergessen werden. Der Haß zehrte fort; wie er Mutter und Sohn getrennt hatte, so schied er wieder mich von meinen Eltern. Damals wurde die Erbitterung im Herzen meiner Mutter geweckt, die sie nicht überwinden konnte. Denn auch sie verlangte mit der ganzen frischen Leidenschaft ihres Wesens nach der Krone an der Seite eines Mannes, den sie vielleicht nicht geliebt hat, der aber doch bestimmt schien, die Krone auf ihr Haupt zu drücken. Wir wissen nicht, was sie ihm geopfert hat. Nun sollte ich vielleicht diese Krone erlangen – ehe sie an den Vater kam. Wenn Katharina mich stürmisch an sich zog, wenn sie meine Einfälle bewunderte, meine Kenntnisse überschwenglich lobte, meine Erscheinung vergötterte, so ließ sie es nicht an Andeutungen fehlen, daß ich unmittelbar ihr Erbe werden solle: ich sei sichtbar dazu ausersehen, die Krone Rußlands zu tragen, der sie so viel Macht, so viel Ruhm gewonnen hatte.» Alexander blickte zu dem Kreuz auf, das über seinem Bett hing:

«Und wenn ich mich nun, mit dem Verlangen nach der letzten Wahrhaftigkeit, frage, ob diese Versuchungen Gewalt über mich erlangten, so muß ich sagen: Ja, diese Gedanken fraßen sich in mein Herz. Ich will Katharina nicht beschuldigen, um mich zu entlasten; sie stieß mich in eine Atmosphäre der Versuchung; im Grunde stellte sie doch nur eine Aufgabe, die ich nicht lösen konnte; die Prüfung überstieg meine Kraft.»

Er sah die Gattin lange an: «Es ist mein großes Verhängnis gewesen, daß ich allen Menschen als licht erschienen bin. Ich war und bin es nicht; das Unheilige und das Dunkle wogten von früh an in mir; aber ich sah, daß die Menschen das Lichte liebten, und es gab eine Art von

Helligkeit, die mir leicht erreichbar war. Einmal, als ich am Geburtstag der Zarin an der Seite meines Vaters den Thronsaal betrat, fühlte ich, wie alle Blicke mir zuflogen, während er kaum beachtet oder mit Mitleid und selbst mit Spott bedacht wurde; er trug eine schlichte, fast schmucklose Uniform, nur das Kreuz der Malteser legte er gerne an; er verstand nicht, zu danken, nicht, die Menschen sich zu verbinden, geschweige denn zu beglücken, während ich, wie ich schon erfahren hatte, mit einem einzigen Blick unauslöschliche Ergebenheit in einem treuen Herzen erwecken konnte. Mitleid mit ihm und Triumph kämpften miteinander in meinem Innern, da wir dem Throne zuschritten; Katharina dankte mir überschwenglich, ihn beachtete sie nicht. Sehr viel später geschah es, daß er, gegen seine Gewohnheit, vielleicht schon von einem Argwohn getrieben, mich in meinem Zimmer besuchte. Er fand auf meinem Tisch die Tragödie ‹Cäsars Tod›. Ohne ein Wort zu sagen, mit einem kurzen Lachen, verließ er das Zimmer, um mir durch seinen Adjutanten einen Band der Geschichte Rußlands zu schicken; darin war die Stelle bezeichnet, die Alexejs Tod behandelte. Eine Art entsetzlichen Wissens und Verdächtigens war in uns entstanden, ohne die Zustimmung unserer Herzen; in seinen weitaufgerissenen, starren Augen klaffte zuweilen eine abgründige Angst.

Indessen hatte mein Vater, gestützt auf das Heer, das ihm noch wohlwollte, den Thron bestiegen. An einem der ersten Tage seiner Herrschaft schritt er mit Konstantin und mir in das Kloster des heiligen Alexander Nevsky; dort ließ er sich von zwei alten Mönchen den Sarg seines Vaters zeigen, der in der Nähe der Kanzel ohne Aufschrift in die Erde eingesenkt worden war. Ein Schauder faßte uns an, als er den schmucklosen Schrein heben und öffnen ließ; aufschluchzend warf er sich auf die Knie und küßte die mit einem vermoderten Handschuh bedeckte Hand seines ermordeten Vaters. Dann wurde

Peter III., eine unkenntliche, kindliche Gestalt, im Sarge geweiht und gekrönt, und wir gaben ihm durch den Schnee das Geleite in die Peter-Pauls-Kathedrale; unmittelbar hinter dem Sarge, hochaufgerichtet, mit wehendem weißem Haar und doch schattenhaft im Gestiebe der Flocken, schritt auf Geheiß meines Vaters der Admiral Orloff, der Mörder; es war die einzige Strafe, die er hier auf Erden erdulden sollte.

Im ersten Morgengrauen, in einer dem Russen tiefverhaßten Frühe, brausten die Trommeln vor dem Schloß; dann stand mein Vater, kahlen Hauptes, den Hut unter dem Arme, auf dem Paradeplatz, mit dem Stock und den Füßen auf den hartgefrorenen Boden stampfend, während das Garderegiment in einer Wolke eisigen Dunstes exerzierte. Er mißtraute den Offizieren und selbst der Mannschaft: dieses Regiment hatte seinen Vater gestürzt und Katharina auf den Thron erhoben; es werde, so glaubte er, auch ihn stürzen – um meinetwillen. Erst die Erfahrung der Schuld erschließt uns die Seelen; ich glaube, daß all die Eigenmächtigkeiten und Heftigkeiten meines Vaters ihren Ursprung hatten in Angst und Mißtrauen; er wäre gewiß tapfer gewesen vor seiner Truppe; er konnte im engsten Kreis die Menschen in Erstaunen versetzen durch seine Einfälle und Einsichten; dem Verdachte, immerwährend umlauert und bedroht zu sein, hielt er nicht stand. Er fühlte sich nicht mehr als Herr und gebärdete sich darum als solcher auf verhängnisvolle, roh aufreizende Weise. Meine Mutter wollte er ins Kloster schicken, da er ihren Ehrgeiz fürchtete; er hatte eine Freude daran, mich in der Öffentlichkeit seine Ungnade fühlen zu lassen und Konstantin an meiner Stelle vorzuziehen und schon als seinen Nachfolger zu bezeichnen. Konstantin war ihm viel ähnlicher als ich; er hatte Mühe, die Herzen der Menschen zu gewinnen, selten fand er ein verbindendes Wort; auch hatte er ein Verlangen, zu dienen und sein heftiges Temperament unter einen Befehl zu stellen, welches Verlangen meinem Vater behagte. Vielleicht hat nur Konstantin seine ganze, ungestüme Liebe empfangen.» Der Zar hielt inne. «Warum sage ich das alles? Es führt mich doch nicht an der furchtbaren Nacht vorüber, die über mein Leben entschied, noch viel weniger entschuldigt es mein Verhalten in dieser Nacht. Die Macht meines Vaters, die ihn so unsicher dünkte, erstarrte in Gewalt; sie wurde darum auf um so schlimmere Weise bedroht. Die Züge Verbannter wanderten nach Sibirien, sie flehten mich um Hilfe an; gewährte ich sie, so gewann ich mir Freunde, schürte die Erwartung auf der einen Seite, den Argwohn auf der andern. Das Heer murrte; drakonische und entehrende Strafen für geringe militärische Vergehen stachelten auf; die sprunghaften Wendungen der äußern Politik erregten Sorge und Erbitterung; wir waren bei schwerem Seegang auf einem Schiff, zu dessen Kapitän niemand mehr Vertrauen hatte. Der erste, der offen zu mir von dem Plane sprach, meinen Vater zur Abdankung zu nötigen und mich auf den Thron zu erheben, war der Graf Nikita Petrowitsch Panin, der Sohn jenes Peter Iwanowitsch Panin, der Katharinas Verschwörung geleitet hatte. Er sprach behutsam, mit einer wunderbaren Schonung für meine Seele, die ich teuflisch nennen möchte, wenn dieses Wort nicht wie eine Entschuldigung erschiene. Er spiegelte mir all die schillernden Träume vor, die sein scharfer Blick in meiner Seele gefunden hatte: ein Regiment der Menschlichkeit, Befreiung von verhaßtem Zwang, Ruhm und den Glanz des Geistes für meine Krone. Als das nicht ausreichte, sprach er von der Pflicht, Rußland zu retten; dabei schob er leise, mit einem wissenden Lächeln, das Zepter in meine Hand, indem er auf die große Aufgabe wies, die gerade jetzt Rußlands im Kampf mit dem Westen harrte – der Zar hatte sich plötzlich zum Bruch mit England und dem uns alle empörenden Bündnis mit Napoleon entschlossen –; meinem Vater werde nichts geschehen, er werde nach der Abdankung hochgeehrt unter uns leben. Ich stieß Panin zurück; nach einem Jahr, als er wiederkam, tat ich es nicht mehr: er hatte mir ein Gift eingeflößt, und es hatte in mir gearbeitet.»

Die Zarin hatte in wachsender Erregung zugehört: «Es kann nicht sein!» rief sie entsetzt. «Es ist so», erwiderte Alexander ruhig; «Panin besitzt sogar ein Dokument, das meine Einwilligung beweist. Er lebt seit über zwanzig Jahren als Verbannter auf seinen Gütern im Gouvernement Smolensk. Freunde hatte er nie; dazu war er zu hochmütig. Vielleicht hält er die Welt nicht für wert, sein Geheimnis zu erfahren.» – «Aber du hättest doch nie und nimmer zugestimmt, daß deinem Vater das geringste geschähe?» – «Siehst du, so kommen wir der großen Lüge näher, auf der mein Dasein ruhte. Wer nähme wohl einem Fürsten seinen Königsmantel, ohne ihn tödlich zu verletzen? Und wenn die andern das nicht wußten, so hätte ich es wissen müssen; und ich wußte es. Damals fühlte ich schon, es war der heillose Anfang meiner Schuld, daß ich Panin anhörte – daß er zu mir sprechen konnte. Bald darauf wurde Panin gestürzt, wurden seine Mitverschworenen zerstreut. Nun traten die künftigen Täter auf; sie waren gröberer Art, aber sie hatten die Witterung dafür, daß meine Seele ihnen verfallen war. Graf Pahlen fand den gewagten Kunstgriff, meinem Vater die Verschwörung zu entdecken, an deren Spitze ich stand, und einen Haftbefehl gegen mich und gegen Konstantin zu erwirken. Dieser Haftbefehl verfeindete endgültig Vater und Sohn; er vermochte mich, das geschehen zu lassen, was ich erwarten mußte. Auch hatte Pahlen – vielleicht im Verein mit Bennigsen – meinen Vater unter dem Zwange der Angst und des Argwohns zu immer tolleren politischen Maßnahmen getrieben; die Kriegserklärungen, die er versandte, ließ Pahlen auffangen und im Heere bekanntmachen; das trieb ihm Offiziere und Politiker zu. Jede Maßnahme des kranken Selbstherrschers deutete auf Schmach und Zerrüttung.

So kam die entsetzliche Nacht heran, die du miterlebt hast; aber was damals wirklich geschehen ist, weißt du nicht. Nie haben wir seit jener Zeit das Michaelspalais wieder betreten, das mein Vater bauen ließ; doch vergesse ich die Räume und Gänge nicht, von deren Decke das Wasser niedertropfte, während die Feuer machtlos qualmten in den Ecken und das Eis über die Fenster wuchs. Dr. Wylie hatte auf das entschiedenste widerraten, das Palais zu beziehen; allein mein Vater hatte sich den Tag des Einzugs in den Kopf gesetzt und wollte ihn einhalten. Hier, hinter mächtigen Mauern, umgeben von breiten Wällen, von denen Geschütz drohte, fühlte er sich geborgen. Pahlen erschien bei mir und eröffnete mir, daß ich verhaftet sei; am andern Tage sollten Konstantin und ich nach der Schlüsselburg gebracht werden; er könne diesen Befehl nicht völlig umgehen und müsse daher für diese Nacht eine Wache vor meine Zimmertür stellen. – Mein Vater mißtraute allen, nur nicht dem Manne, der ihm am gefährlichsten war.

‹Für diese Nacht›, sagte ich, indem ich in sein Gesicht blickte. Pahlen hatte nicht die Kälte Bennigsens, sondern die volle Kraft eines zum großen, einmaligen Einsatz entschlossenen Spielers, und diese Kraft mochte Macht haben über die gespaltene Seele meines Vaters. Ein schreckliches Einverständnis muß zwischen uns hin und her gegangen sein. Wenn ich mich ganz fassen will, in reiner Wahrhaftigkeit» – Alexander rang die Hände im Kampfe mit sich selbst –, «so muß ich bekennen, ich fühlte, wie dieses Einverständnis gleich einem Blitz von mir ausging und von Pahlen aufgefangen wurde. Er verließ das Zimmer sofort, und ich hörte, wie eine doppelte Wache draußen antrat. Dann wurde es still. Ich hatte den Wunsch, dich zu sehen – du lagest im anstoßenden Zimmer zu Bett, denn du ertrugst die furchtbare Kälte der feuchten Räume nicht; – wir alle haßten diesen düsteren, rauch- und dampferfüllten Palast, und der Haß schlug auf den Erbauer über. Dann sagte mir eine

Stimme: Es ist besser, du bleibst in diesen Stunden allein; diese Stunden haben ihr Geheimnis.

Indessen betrat mein Vater das über dem meinen liegende Zimmer, zu der gewohnten frühen Abendstunde, da er sich zurückzog und sogar in der Stadt die Lichter erlöschen mußten. Ich hörte seinen hastigen Schritt; er riß die Fenster auf und ging ruhelos auf und ab. Nun schritt er in die Küche hinüber, in der er sich meist von einer Engländerin kochen ließ; denn er fürchtete Gift – und es wurde erzählt, daß auf ihn in seiner frühen Jugend ein Anschlag gemacht worden sei. Vielleicht, dachte ich jetzt in einem entsetzlichen Widerstreit zwischen Sorge und Hoffnung, sichert er die Türen, denn ich hörte ihn nun auch in der Bibliothek, wo der Kammerhusar schlief, und am Ende der Wendeltreppe, die vom Hofe heraufführte. Dann kam er zurück. Wieder ging er lange auf und nieder. Nun rief er den Diener, wohl um sich auskleiden zu lassen. Es wurde wieder still. Stunden vergingen – so viel Zeit ließ mir Gott. Ich lauschte; vor meiner Tür hörte ich die Wache atmen; der Gedanke, gefangen zu sein, empörte mich; die ganze Lage, in der sich unsere Familie in dem widrigen Palast befand, versetzte mich in Zorn. Ich vergegenwärtigte mir das Unrecht, das ich gesehen, die dumpfe Not, die auf der Stadt und dem Lande lastete, und den Haß, der an allen Orten aufflackern wollte. Ich dachte an meine von Panin geschürten Erwartungen, an Pahlens Hoffnung, Rußland eine Konstitution zu geben; sie flößte mir Mißtrauen ein. Doch das alles drang nicht in die Tiefe meiner Seele. Hier regte sich die furchtbare Ahnung, daß meine Stunde gekommen sei, jene einzige Stunde, die nicht wiederkehrt. Ich kann nicht sagen, was sie alles barg an Versprechungen, rauschhaften Hoffnungen, glühender Begier. Und inmitten dieser Träume sah ich die weitgeöffneten, von Angst und Unruhe flackernden Augen meines Vaters; ich erinnerte mich der Augenblicke, da ich ihm nahe gewesen war und die Wärme seines

Herzens fühlte; wie er mit uns Kindern einmal spielte und uns ungestüm an die Brust riß, als wolle er uns über eine ganze Welt des Jammers, des Verrates und der Verbrechen erheben. Denn etwas band mich an ihn, das viel stärker war als das, was mich an meine Mutter band; er war ja der Stamm, wenngleich das Verhängnis, das auf uns lastet, ihn unbarmherzig zerstört hatte. Sein und Bestimmung gingen doch von ihm aus. Beten konnte ich nicht in der heillosen tobenden Unruhe meines Herzens; die gegeneinander andrängenden Empfindungen machten mich schwächer, je länger der Kampf dauerte. Schon fühlte ich mich wehrlos. Aber wer hätte mich hindern können zu rufen, den Soldaten draußen zu überrennen, oder wenigstens einen Pistolenschuß aus dem Fenster zu feuern? In dem Augenblick – das wußte ich –, da ich die Stille zerrissen hätte, würde das Entsetzliche aufgehalten werden, und unser Schicksal müßte sich wenden. Wohin? Die Wahl stand zwischen Sturz und Erhebung, Sklaventum und Freiheit, einer Freiheit, die freilich Schein war.

Aber ich tat nichts. Die Wünsche wogten gegeneinander in meinem verdorbenen Herzen. Mehr als einmal sprang ich auf; dann hörte ich eine Stimme sagen: Was tust du? Willst du in deinen Kerker gehen und darin bleiben, während ein anderer auf verderbliche Weise das Amt versieht, für das du, du allein geschaffen bist? Eine Macht griff nach mir; ich blieb stehen; ich wartete, unfähig, die Wünsche noch zu entwirren, die mich in der grauenvollen, langen Stille fast zum Wahnsinn trieben. Da hörte ich die Krähen draußen schreien – sie horsteten auf den Bäumen am Wallgraben und mußten aufgescheucht worden sein; dann ging eine Schar Männer vorsichtig unter meinen Fenstern hin; sie konnten nur über den gefrorenen Graben gekommen sein. Jetzt hörte ich von der andern Seite des Schlosses den verhaltenen Schritt einer Truppenmasse; es war, wie ich später erfuhr, das Preobrashenskische Bataillon, das sich der

Verschwörung angeschlossen hatte. Dann knarrte die Wendeltreppe unter eilig drängenden Schritten; eine Tür wurde an ihrem Ende geöffnet – zugeschlagen –, wieder aufgerissen –, in der Bibliothek fiel ein menschlicher Körper zu Boden. Nun hörte ich polternde Schritte über mir.»

Alexander sank zurück, von der Erinnerung heftiger als vom Fieber ergriffen. Die Zarin, die ihm mit wachsendem Entsetzen zugehört hatte, war nicht fähig, ihm beizustehen. Gewaltsam richtete er sich auf: «Ich habe diese Augenblicke tausendmal durchlebt und sollte nicht fähig sein, sie zu bekennen? Es war mir vollkommen deutlich, was geschah. Die Verschwörer mußten meinen Vater überrascht haben, der schon zu Bett lag. Nun hörte ich ihre trunkenen Stimmen ihn schelten und ihm alle Härten und Ungerechtigkeiten seines Regiments ins Gesicht schleudern; nur Bennigsens Stimme blieb beherrscht, die Pahlens vernahm ich nicht. Mein Vater bat, schrie; Waffen und Gegenstände stürzten zur Erde, eine Masse kämpfender Körper schlug auf, rollte über das Parkett, aus der Ferne hörte ich die gellende Stimme meiner Mutter. Ich rief und rüttelte an der Tür, die von außen gehalten wurde. Noch einmal erscholl die Stimme meines Vaters auf eine entsetzliche Weise – nicht einmal das Gebet, das man den Verurteilten erlaubt, hat man ihn sprechen lassen.» Alexander sagte diese letzten Worte nach einer langen Pause mit tonloser Stimme; es war, als sei alle Gemeinsamkeit zwischen den beiden Menschen, der Zarin und ihm, zerrissen. – Die Zarin weinte haltlos, Alexander kehrte sich zur Wand.

«Das ist die Wahrheit», fuhr er endlich sich aufrichtend fort, «die zwischen uns steht; sie mußte über meine Lippen. Von jenem Augenblick an wurde mein ganzes Leben zum Betrug. Denn als ich aus der Ohnmacht erwachte, standen Pahlen, Bennigsen und andere Verschwörer vor mir und grüßten mich als Zaren. Ich hatte die Stirn, zu fragen, ob mein Vater abgedankt habe; ich tat das nicht aus Furcht vor der Wahrheit, sondern weil ich fühlte, daß ich von nun an vor den Augen der Welt eine Rolle spielen mußte in einem widrigen, schlechten Stück, und daß alle, die mich umgaben, meine Mitspieler waren. Der Zar sei an der Erregung gestorben, erwiderte Pahlen. Diese Kälte empörte mich doch, und ich erklärte leidenschaftlich, ich werde nimmer die Krone aus blutbefleckten Händen annehmen. Die Begleiter Pahlens verließen den Raum; er stand allein vor mir. ‹Wenn Sie sich weigern, die Krone zu tragen, die Ihnen gebührt, so gestehen Sie vor der Öffentlichkeit ein Verbrechen ein, das verborgen werden kann und das verborgen werden muß, um Ihret- und um Rußlands willen.› – ‹Wie können Sie glauben›, entgegnete ich, ‹daß man nicht in wenigen Stunden schon in der Stadt davon wissen wird?› – ‹Ich spreche nicht von diesem Wissen›, erwiderte er, ‹sondern von der Haltung, die Sie einnehmen werden; von ihr, nicht vom Wissen der Menschen wird der Gang der Dinge bestimmt werden.› – ‹Diese Haltung ist eine Lüge.› – ‹Sie ist das einzige Feste, das Notwendige, an dem die Verhältnisse wieder befestigt werden können. Wenn die Menschen Festigkeit spüren, werden sie sich fügen – und schweigen; sie fürchten nichts mehr als Unsicherheit. Denn sie ertragen alles, nur nicht das Ausbleiben des Befehls!› Während ich noch schwankte, drang meine Mutter in das Zimmer; sie forderte die Krone, da sie neben dem Zaren gekrönt worden sei. Nun fühlte ich die Krone plötzlich als meinen Besitz; ich verweigerte sie ihr schroff. In maßlosem Zorn beschuldigte sie mich des Verrats an meinem Fürsten und des Vatermordes. Wieder vergingen mir die Sinne, während Pahlen meine Mutter wegführte. Konstantin kam; er war vollkommen gebrochen. Man hatte ihm erzählt, daß der Zar einen der Verschwörer, der Konstantin ähnlich sah, schreiend als seinen Lieblingssohn angesehen habe. Ich muß glauben, daß auch Konstantin nicht ohne eine Vorahnung dessen war, was in jener Nacht geschehen sollte; ihm hatte mein

Vater ja den Titel Zarewitsch gegeben, um ihn mir vorzuziehen. In diesen ersten Stunden brachen auch Pahlens Hoffnungen zusammen; er hatte sich gewünscht, an meiner Seite Rußland eine Verfassung zu geben, nun sah er, daß die Last für mich zu groß war und ich der äußersten Schonung bedurfte. Meine Person, erklärte er den Mitverschworenen, sichere Rußland eine bessere Zukunft, auch wenn die Verfassung erst später erlassen werde. So begann das grauenvolle, in Lügen erstickende, von falschem Ruhm überdeckte Leben, das ich bis zu diesem Augenblick geführt habe. Ich sah in den Spiegel, eh ich das Zimmer verließ, aber er war, wie alle Spiegel des Schlosses, von der Feuchtigkeit beschlagen; in dem Dunste erschien ein totenbleiches, verschwommenes Gesicht.

Vor dem Palast wartete noch der Wagen, den mein Vater für eine frühe Stunde befohlen hatte. Ich bestieg ihn und fuhr zum Winterpalais, wo die Garderegimenter standen. Mit äußerster Anstrengung schwang ich mich aufs Pferd, die Front abzureiten. Ich fühlte, wie bleich ich war, wie ein Groll und sogar Drohungen mir entgegenschlugen. Plötzlich riß ich mich zusammen; ich straffte meine Gestalt und wagte es, den Soldaten in die Gesichter zu sehen. Da und dort erscholl ein Ruf; das Rufen ward mächtiger, bis die Luft erdröhnte; ich fühlte die Heeresmacht und das Land, das sie hervorgebracht hatte, in meiner Hand.

Als wir uns wiedersahen, Elisabeth, war die Entscheidung schon geschehen; ich hatte mich zu meiner Rolle entschlossen. Noch sehe ich die Frage in deinem verängstigten Gesicht. Wir saßen unten im Michaelspalais, neben dem Zimmer, wo ich die Nacht verbracht hatte, wie Kinder aneinandergepreßt auf dem Sofa; das Grauen war nach der großen Anstrengung zurückgekehrt, und du umschlangst mich, als wolltest du mich erwärmen. Der Gedanke, daß ich ein ganz anderer sei, als du glaubtest, verfälschte meine Liebe und machte ein jedes

Wort und eine jede Geste zur Lüge. Ich wollte dich beschwichtigen mit allem, was ich dir sagte; immer fühlte ich diese furchtbare Frage in dir, und ich kannte keine andere Sorge mehr, als diese Frage zurückzudrängen. Von nun an mußten wir uns verlieren. Glück hatte nur den einen Sinn des Vergessens für mich, und ich wurde nicht müde, es zu suchen. Sophie fragte nie; sie ahnte aber alles und suchte mich zu schützen und zu führen durch ihr Gebet.» – «Vielleicht habe ich dich doch erst heute verloren, Alexander», sagte die Zarin in namenlosem Schmerz; «ich fühlte wohl Furcht, aber nur weil ich dich als den Engel sah, den ich liebte; nun ist mir der Engel genommen worden.» – «Ein Mensch, in dem im geheimen die Gewalten herrschten, ist an seine Stelle getreten – und ihn hast du nie geliebt.» Sie sah erschreckt auf: «Das ist furchtbar!» – «Meinst du nicht», fragte er in bittendem Tone, «dieser andere, der deine Liebe nicht verdiente, bedurfte ihrer noch mehr? Ich will dir nun doch aus dem Leben dieses andern erzählen. An der Stelle, auf die ich mich kraft meiner Schuld geschwungen hatte, forderte das Jahrhundert mich ein für seinen großen Kampf. Ich sollte das Recht, das Erbe, den Glauben, das Gefüge der Welt verteidigen, und es war das Verwirrende der mir zuteil gewordenen verborgenen Heimsuchung, daß Gott meine Waffen segnete. So siegte ich nach den ersten schweren Unglücksjahren, in denen mein Sinn sich befestigte – in den Flammen Moskaus ist viel Niedriges und Schlimmes meiner Seele verbrannt –; wenn ich aber über die Schlachtfelder ritt, auf denen meine Truppen den Feind geschlagen hatten, so hörte ich die Krähen schreien wie in jener Nacht im Michaelspalais, und wenn die Fürsten und Völker mich als ihren Schutzherrn anflehten, so hörte ich die Beschuldigungen wieder, die meine Mutter mir an jenem entsetzlichen Morgen ins Gesicht schleuderte. Wo ich hinkam, wurden mir Triumphtore errichtet, und ich ritt hindurch mit dem zerstörenden Vorwurf im Herzen; ich verwarf die Gewalt, bekannte mich zur Kirche und zu unserem Herrn und Heiland und hatte ihn doch auf eine viel schlimmere Weise verraten als seine offenen Widersacher; in meinem eigenen Vater hatte ich ihn nicht erkannt. So wurde mein Leben zur großen Flucht. Aber das Unerträgliche war, daß diese Flucht als ein Triumphzug erschien; denn ich war das schlechte Werkzeug einer guten Sache, und da die Menschen die Sache als gut erkannten, so hielten sie auch das Werkzeug für gut; sie können so schwer zwischen beiden unterscheiden. In den langen durchwachten Nächten auf meinen Fahrten fühlte ich, wie mein Glaube stärker wurde und mir gebieten wollte, ein anderer zu werden, und zugleich bezichtigte mich mein Gewissen der Lüge; der Ruhm schmeichelte mir, ich konnte ihn nicht entbehren, aber niemals vergaß ich, daß dieser Ruhm ein Betrug war und daß ich für meine Tat und meinen Sieg einen Preis entrichtet hatte, der sie zunichte machte. Vor der Welt war ich ein Held, vor den Menschen, die mir ihre Liebe schenkten, ein Engel, vor Gott – ein Mörder. Und da ich keine Übereinstimmung mehr herstellen konnte zwischen dem, was ich war, und dem, was ich zu sein schien – und da der andere, der hinter mir stand, meinen Verfügungen die Unterschrift verweigerte, meiner Worte spottete, so fühlte ich die Macht, die ich über Menschen ausgeübt hatte, bedroht. Ich konnte meine Seele nicht mehr einsetzen, denn ich hatte sie lange schon verloren. Wer aber kann wirklich gebieten ohne die Kraft der Seele? Nur die Gewalt blieb mir noch, und ich mußte mich ihrer bedienen. Dahin hatte mich das Scheinbild der Freiheit gelockt. Viel habe ich in abseitigen Kirchen gebetet. Aber sobald ich der Wahrheit nahekam, fühlte ich, wie sie all mein Gut und meinen Glanz ergreifen wollte, um sie ins Feuer zu werfen – und ich floh. Von allen Gütern und Rechten, die ich in Anspruch nahm, ist keines mein Eigentum gewesen. Denn die Dinge der Welt können nur verwaltet werden aus der Kraft der Wahrheit und Wahrhaftigkeit. Christus fand keine Wohnstatt in meiner Seele.»

Er schwieg, seine Blicke waren an die Decke gerichtet; er hatte während seines Bekenntnisses nicht gewagt, die Gattin anzusehen. Nun ergriff sie seinen Arm. «Wie konnte ich das alles nicht ahnen? und was ist wohl meine Liebe gewesen, da sie das nicht wußte? Ist nicht die Schuld bei mir? Denn ich hätte die Frage wagen müssen, die du fürchtetest; aber die Wahrheit ist, daß ich sie nicht aussprach, weil ich selber vor ihr bangte. Hätte ich es getan, so hättest du mir antworten müssen, und wir hätten beide, ich weiß nicht unter welchen Schmerzen und Opfern, den Weg der Wahrheit suchen müssen.» – «Ob wir ihn wohl gefunden hätten», fragte er, «so tief verstrickt, wie ich war? Aber siehst du, nun hat Gott mich auf diesen Weg gedrängt. Die Newa floß rückwärts und trug das Kreuz vor mein Fenster. Die ganze Wahrheit werde ich freilich nicht mehr vollbringen; aber ich sehe einen Weg, der durch eine grausige Lüge zu ihr führt. Draußen in meinem Wagen ruht ein Toter; es ist der arme Ilja. Er starb durch meine Schuld; denn ich trieb in meiner Ungeduld den Wagen ins Unglück. Aber als ich den Toten in meinem Arme hielt, ging jener Weg vor mir auf. Ich muß an die Stelle des Toten treten und sterben für die Welt. Zurück kann ich nicht mehr; ich wurde über die Grenze gedrängt, und ich weiß, ich kann keinen Befehl mehr geben. Aber Rußland bedarf des Befehls. Es steht sehr schlimm; eine weitausgebreitete Verschwörung bedroht alles, und man kann die dunkeln Mächte nicht bekämpfen mit zerstörter Seele und befleckter Hand; es bedarf einer reinen Kraft. Nur Nikolai ist rein; er schlief in jener Nacht. Lange fühlte ich es schon, aber ich konnte mich nicht überwinden; ich wollte mir die letzte Entscheidung vorbehalten zwischen Konstantin und Nikolai. In dieser Wahl, so meinte ich, ruhte schwankend meine Macht. Jetzt gebe ich sie auf; Nikolai soll Kaiser sein – und mir zeigt der Tote meinen Weg.»

Elisabeth hörte ihn fassungslos an: «Aber wo willst du hin? Du bist krank! Wohin willst du reisen, jetzt, da der Winter beginnt?» – «Ich will», antwortete er ruhig, «den Weg der Buße gehen. Legte ich die Krone nieder, so hätte ich diese Freiheit der Buße nicht; immer würde die Welt auf mich sehen, und wieder würde sich die Eitelkeit eindrängen in das Werk meiner Buße, und es bliebe ein totes Werk. Wenn aber niemand mich kennt und ich durchaus keinen irdischen Lohn zu erwarten habe, so wird mir die Erniedrigung zum Segen sein, und vielleicht – das ist meine größte Hoffnung – nicht mir allein; ich werde eine Sühne leisten können für das Entsetzliche, das ich meinem Volke zugefügt habe, als ich mein Verbrechen krönte mit seiner Krone. – Ich kann», fügte er leidenschaftlich hinzu, «vielleicht noch mithelfen an der Erlösung Rußlands. – Doch das ist viel; ich soll und will nur eines: büßen und Gottes Willen annehmen. Die Krankheit und der Winter sind mir willkommen; wenn es möglich ist, so will ich mich in Sibirien verbergen. Ich will unter denen leben, die ich in die Verbannung geschickt habe. Du mußt für mich beten, daß die Dinge mich nicht verwirren und ich nicht abgedrängt werde von meinem Vorsatz. Nie werden wir einander so nahe sein wie dann, wenn ich die Kraft und Freiheit finden werde, wirklich zu sühnen.» – «So wäre Taganrog das Ende?» fragte sie erschüttert. «Ich habe unser beider Glück verwirkt», erwiderte er, «und ich werde nie aufhören, dich um Verzeihung zu bitten. Vielleicht kann ich dir ein Zeichen geben und wieder ein Zeichen von dir empfangen. Mehr werden wir einander sein im Gebet. Meinst du nicht, daß wir verbunden wurden für das ewige Leben? Aber wie willst du, lichte, liebende Seele, meine Seele dort finden, wenn sie sich hier nicht vorbereitet?» – «Du suchst den Engel in dir», antwortete sie leise; «ich kann dich nicht hindern; ich möchte es wenigstens nicht. Und doch verlangst du mehr, als ich vermag.» – «Es wäre das größte Opfer deiner Liebe, daß du mithelfen würdest, die Welt um mein Geheimnis zu betrügen. Aber hinter dem Betrug ist Wahrheit wie das Licht hinter Wolken. Vor den Augen der Menschen kann ich nicht mehr rein werden, nicht einmal mehr vor meinen Brüdern. Wie, wenn ich es vor dir würde? Wenn ich dir die Stelle bezeichnen würde, wo meine gereinigte Seele wartet auf die deine? Laß mir diesen Vorsprung, daß wir uns wiederfinden! Bei deiner ganzen heiligen Liebe bitte ich dich darum.» Die Wehmut einer großen Überwindung schimmerte in ihrem Blick. «Wie wenig geht es um mich, Alexander! Siehst du, ich bin dem Ende schon ganz nahe. Oft schlafe ich wunderbar tief, die ich doch früher nicht schlafen konnte; dann verwandelt sich dein Rußland in meine irdische Heimat, und in meiner Heimat höre ich wieder die heiligen Glocken deines Landes. Ich würde ein Jahr deiner Liebe, deiner Güte opfern; das ist nicht zu viel für das Erwartete. Ich ahne auch, daß es eine Art von Liebe gibt, die stärker sein darf als unser Abscheu vor der Lüge. Nach dieser Liebe will ich trachten. Wenn der Herr einkehren will in deine Seele, so wird alles gut.» – «Es gibt viele heilige Männer in unserm Volk, die ganz im verborgenen leben. Einer unter ihnen wird mir helfen. Ich habe ein großes Vertrauen zu dieser verborgenen Kraft. Bete nur mit mir für Nikolai, daß er nicht in Versuchung falle; sie ist ihm so nah. Es ist sein furchtbarer Auftrag, mit dem Drachen zu kämpfen, der in Rußland groß geworden ist. Aber einmal muß doch ein Gläubiger und Reiner mächtig werden; wir wissen nicht, wie fern er noch ist . . . Mit Diebitsch werde ich nicht mehr sprechen, er ist nicht zu fürchten; auch wenn er ahnt, was vorgeht, wird er schweigen und sich auf den neuen Herrn einrichten, der mehr Tatkraft haben wird als ich. Ich bitte dich, rufe Wolkonsky; er wird dir beistehen. Auch seine Stimme hörte ich über mir in jener entsetzlichen Nacht, doch er hat längst den Weg der Sühne beschritten; nun wird er auch mir dazu helfen.»

Während Alexander sich mit Wolkonsky besprach, ersuchte Diebitsch die Zarin auf das dringendste, vor den Zaren gelassen zu werden. Die letzten Nachrichten aus Petersburg seien im höchsten Grade beunruhigend; infolge zu langen Zögerns komme man dem drohenden Aufstand vielleicht nicht mehr zuvor. Dieses Versäumnis könne daran schuld sein, daß sich das Gerücht vom Tode des Zaren verbreitet habe; unter den Eingeweihten begreife niemand, daß der Herrscher nicht handle; möglich sei auch, daß der Verschwörer Murawiew, den der Zar in kaum begreiflicher Güte freigelassen habe, das Gerücht aussprenge. Alle nach Taganrog gerichteten Mahnungen und Warnungen seien vergeblich gewesen ... Die Zarin erschrak heftig über die Nachricht von dem Gerücht; ungewohnt, solchen offenen Vorwürfen zu begegnen, stellte sie sich mit einer gewissen Scheu vor die Tür: «Ich darf Sie nicht einlassen; es ist sein heiliger Wille.» – «Der Augenblick ist gekommen», erwiderte Diebitsch in mühsam beherrschter Erregung, «da kein Wille mehr gebieten kann, nur noch die Notwendigkeit.» – «Die Notwendigkeit», erwiderte sie nun ruhig, «ist eingetreten; ich fürchte, daß jenes entsetzliche Gerücht sich bald bestätigen wird. Ich bitte Sie, dann Rußland und seinem neuen Herrn mit Ihrer ganzen Kraft zu dienen.» Nun wich er zurück: «Sie bezeichnen die Grenze, die unser keiner überschreiten wird.»

Die Nacht war wieder gekommen, die vor dem trüben Tag nur für wenige Stunden gewichen war; das Meer rauschte stärker herüber, und der Schrei der vorüberwandernden Vögel verhieß Schnee. In tiefer Erschütterung verließ Wolkonsky das Zimmer des Zaren. Die Unterredung mit dem Arzt, den der Fürst zu Alexander beschieden hatte, nahm wenige Minuten in Anspruch. «Ich bitte Sie», wandte sich Alexander an ihn, «zur gegebenen Zeit ein Dokument auszustellen, das der Fürst Wolkonsky von Ihnen fordern wird. Ich erwarte Ihr Versprechen, daß Sie das in jedem Falle tun werden;

der Inhalt des Dokumentes mag Sie befremden, aber er ist von mir festgelegt.» – «Ich werde», erwiderte Dr. Wylie, ein etwas schwerfälliger Mann, dessen Züge ein eigentümliches düsteres Gepräge trugen, «Euere Majestät vielleicht um Gehör bitten müssen, nachdem der Fürst mir das Dokument vorgelegt hat.» – «Nein», entgegnete Alexander, «das kann nicht geschehen. Wenn Sie das Blatt bekommen, so erinnern Sie sich bitte daran, daß Sie vor fünfundzwanzig Jahren mit Ihrem ärztlichen Namen eine Erklärung unterzeichneten über die Weise, auf die mein Vater gestorben ist. Dieses zweite Dokument ist eine Art sehr verspäteter Antwort auf das erste; schon darum muß es Ihre Unterschrift tragen.» Nun ging ein Erschrecken über die Züge des Arztes; er verbeugte sich wortlos und ging.

Alexander hatte sich einige Stunden Einsamkeit ausbedungen. Er betete sehr lange vor einem Bilde des heiligen Alexander Nevsky; dann nahm er Abschied von dem Bilde Sophiens. Er wollte durchaus nichts mit sich nehmen, das an sein bisheriges Leben erinnerte. Gegen Mitternacht erschien die Zarin mit dem schweren Pelzmantel Iljas, der für seine hohe Gestalt ausreichte, wenn er auch zu weit für ihn war. Alexander hüllte sich hinein; dann umarmten sich die Gatten. Nun öffnete er die Tür, die über die flache Terrasse in den Garten führte; der Wind stürzte sich ins Zimmer, wühlte die Vorhänge empor und erschütterte die Lampe. «Leise», sagte der Zar, den Finger an die Lippen legend: «aber der Wind kommt zu Hilfe, er verbirgt meine Tritte.» Auf der Schwelle der Tür hielten sie sich lange umschlungen. «Noch einmal bitte ich dich, bete für Nikolai. Vielleicht kann ich das Schicksal austragen, und Gott nimmt meine Sühne an und bewahrt Nikolai vor Schuld.» Sie sah, an seine Schulter gepreßt, in die Nacht hinaus, ohne sprechen zu können. Nun löste er ihre Arme. «Ich gehe dir entgegen», sagte er nur; darauf zog er den Mantel fest an sich und verbarg sein Haupt unter der breiten Pelzmütze

Iljas. Der Schimmer des Gemachs folgte ihm, aber nur wenige Augenblicke, dann war er im Dunkel verschwunden.

Einige Zeit darauf wurde einem Sträfling, der in Rostow mit einer großen Zahl Verbannter verschifft werden sollte, ein sonderbares Glück zuteil. Ein Unbekannter, der ihm an Gestalt und Aussehen einigermaßen glich, fragte ihn flüsternd, ob er frei werden wolle; dann möge er die Kleider mit ihm tauschen. Im Schutze eines Schuppens nahm der Fremde die Kleider des Sträflings, um diesem seinen Pelzmantel überzuwerfen; dann beugte er sich unter die Scheltworte und Schläge der Aufseher, die die widerwillige Masse der Gefangenen über den Schiffssteg trieben. Während der Fahrt und auf dem langen Zug durch die Ebene liefen widersprechende Gerüchte um: Zar Alexander sei in Taganrog gestorben und seine Leiche werde nach Petersburg gebracht; Konstantin sei zum Zaren ausgerufen worden. Nein, hieß es gleich darauf, Nikolai habe den Thron bestiegen: in Petersburg hätten sich mehrere Regimenter für Konstantin erklärt, ein wütender Aufstand sei losgebrochen, aber Nikolai habe ihn unbarmherzig niederwerfen lassen, so daß der Schnee auf Straßen und Plätzen sich unter dem Feuer der Geschütze rot färbte von Blut. Nicht um Konstantin, sagte einer der Gefangenen leise, sei es den Aufständischen zu tun gewesen, sondern um eine Verfassung, um den Beginn einer ganz neuen, einer ganz anderen Zeit. «Möge Nikolai der rechte Kaiser sein», seufzte ein Greis, der sich mit verlöschender Kraft weiterschleppte. Da drängte sich ein Jüngling zwischen sie unter dem Schutz der Schneewirbel, die unter dem tiefniederhängenden Himmel über die Steppe heranstrichen: «Nikolai?» rief er. «Der dient dem Teufel wie alle Zaren.» Und er begann das Lied von dem heiligen Zaren zu summen, der aus den Wäldern kommen, das Schiffsvolk aufrufen und die Auferstehungsglocke in Moskau läuten werde. Einige summmten das Lied mit, während dem fremden, hochgewachsenen Manne, der schweigend zwischen ihnen schritt, die Tränen aus den Augen stürzten und der Schnee die Schar der Wandernden immer dichter verhüllte.

Der fromme Herzog

Die erschreckenden Gerüchte, die am vergangenen Abend noch den Herzog erreicht hatten, bestimmten ihn doch nicht, seine Reise abzubrechen; im Hause des Amtmanns, der einem seiner abseitigsten, im Thüringer Walde versteckt liegenden Ämter vorstand, hatte der Landesherr, nachdem er, wie es seine Gewohnheit war, zwei der vier brennenden Kerzen ausgelöscht, den aus Gotha gesandten Bericht seines getreuen Kanzlers Avemann durchgelesen, aus dem zum erstenmal, ebenso plötzlich wie furchtbar, das Gesicht gegen das Reich heranstürmender Türkenheere aufstieg. Zwar hatte Avemann nur von Gerüchten geschrieben; aber er war zu gewissenhaft, als daß er leeres Gerede wiedergegeben oder ein überprüftes Gerücht verschwiegen hätte. Das nach dem Dreißigjährigen Kriege völlig erschöpfte Reich, in dem auch die in langen Erfahrungen geschulte kaiserliche Militärmacht nur ein geringes Ansehen behauptete, mußte als eine leicht zu erringende Beute vor den Angreifern liegen; und waren erst die kaiserlichen Lande überrannt, so lag Deutschland, von den Händen unzähliger Herren und Gewalthaber zerfetzt, durch den Glaubenszwist bis ins Innerste zerspalten, wehrlos da, und ein Elend, vor dem das Grauen der eben abgezogenen dreißig Jahre vielleicht noch als ein glücklicher Zustand erscheinen konnte, mußte heraufziehen. Aber es war eben diese Erwägung, daß dann nicht nur Leib und Leben und alles ererbte Gut, auch nicht das Bekenntnis, sondern der Glaube an Christus selbst untergehen würden, die den Herzog wieder mit Vertrauen erfüllte; er konnte nicht glauben, daß Gott diese Vernichtung des Heils geschehen lassen und dem Leben selbst und den gebrachten entsetzlichen Opfern ihren Sinn nehmen würde. Also hatte er am Morgen getröstet das Haus des Amtmanns verlassen: sollten die ersten Gerüchte sich bestätigen, so mußten alle erdenklichen Abwehrmaßnahmen unverzüglich ergriffen werden, ob auch der Türke erst gegen die ungarische Grenze stürmen würde. Bis zum Eintreffen neuer Nachrichten blieb vielleicht noch ein Tag; und da der Herzog höchst ungern einen seiner lang durchdachten Pläne durchbrach, so entschloß er sich, das letzte Dorf, das für die Inspektionsreise vorgesehen war, noch zu besichtigen, und am Abend, oder in der Nacht, früher als er es sich vorgenommen hatte, in Gotha zu sein, wohin Befehl an den Kanzler ergangen war, den Herrn auch zu spätester Stunde im Schloß zu erwarten.

Der Wagen streifte an den Tannen hin, deren schwere Äste auf das Dach schlugen; aber Herzog Ernst sah nicht hinaus auf die fliehenden, zuweilen von der Sonne durchblitzten Stämme seines Waldes; er lauschte tief in sich hinein, um das Wort Gottes zu erfassen, das der ihm gegenübersitzende Sekretär vorlas. Erst als auf dem Wagendach ein Trommeln und Poltern begann, weil das Gefährt den Wald verlassen hatte und nun an den mit Obstbäumen bestandenen Wiesen hinfuhr, sah der Herzog auf; die Stämme waren alle gleichen Alters, so jung wie der Friede, der seit einem Dutzend Jahren erst aus der Ebene in den Wald heraufgekommen war, wo die verwilderten Bauern und umherstreifenden Banden noch nicht an ihn glauben wollten; durch das Gras wucherte noch Gestrüpp, aber die Äste hingen tief auf die Straße, obgleich es doch Sommer war und die Äpfel und Birnen erst reifen wollten. Das Dorf konnte nicht mehr weit sein; es war dem Herzog, der erst zu einer bestimmten Stunde dort sein wollte, zu früh; also ließ er den Wagen halten und trat auf die taufrische Wiese. Wie er es zuweilen liebte, auf den Inselsberg, den höchsten Berg seines Landes, hinauf zu steigen, um dort oben, vielleicht noch dankbarer und inniger als unten in seiner Kapelle, dem Herrn zu danken für seine Schöpfung und die evangelische Erneuerung seines Worts, so kam ihn auch jetzt, auf dem Wiesenrand, diese Dankbarkeit an. Der Wald senkte sich und stieg zur Rechten, umzog unten die Wiese und wellte breit in die Ebene hinaus, wo die Turmdächer der Städte ungewiß blitzten und schimmerten; zur Linken fiel die Wiese ab in ein Tal, in dem sich die wiedererstandenen Häuser des Dorfes zusammenfanden; die Gehöfte der Talhänge hatten nur Steine und überwachsene Brandstätten zurückgelassen. Der Fürst fühlte den Groll nicht, der ihn sonst ergriff, wenn er in tiefstem Gottesfrieden auf die Spuren des allvernichtenden Krieges stieß; er ging, auf seinen Stock gestützt, den breiten runden Hut auf dem Kopfe, unter den Obstbäumen hin, sich an den reifenden Früchten zu erfreuen, und langsam dem Waldrand zu, um zu sehen, ob es dort etwa Brombeeren und Heidelbeeren gäbe, die den Leuten in schlimmen Zeiten helfen könnten. Da sah er in einer nahen Lichtung dunkle Tollkirschen schaukeln; er schritt darauf zu, knickte mit ein paar harten Griffen den Stamm, trat ihn nieder und verschonte nur ein Zweiglein, das er sorgsam in seine Tasche steckte. Auf dem Rückweg leuchtete vor ihm der Ehrenpreis aus den Halmen, und der Herzog vergönnte ihm einen Platz an seinem Hut; doch nahm er auch ihn, wie die Tollkirsche, nicht ohne Absicht mit. Dann stieg der Herr wieder in den Wagen, den er langsam ins Dorf hinunterfahren ließ.

Er war in den letzten Tagen durch viele Dörfer gekommen, und er hatte mehr Kummer als Freude in ihnen gehabt; denn er hatte gesehen, wie die Menschen sich zum Gottesdienst versammelten, ohne daß eine

Glocke sie rief, weil dem Turme gleichsam die Zunge ausgerissen war, oder weil kein Turm und selbst keine Kirche mehr stand; und es war ihm noch dieselbe Verzweiflung in den Gesichtern begegnet, die er in jüngeren Jahren auf seinen Kriegszügen angetroffen hatte: damals, da er zum Lech zog gegen Tilly, oder, in den letzten Tagen des großen nordischen Königs, da er mit hinab ritt in das Todeswetter von Lützen. Vor dieser Verzweiflung war die Erde nichts und ebenso wenig der Himmel; und die Obrigkeit, ob sie nun drohte und strafte oder versöhnen wollte, konnte ihr nicht gebieten. Der Fürst hatte nach dem Schulzimmer gefragt und war in einen Raum gewiesen worden, wo in der einen Ecke die magern Ziegen des Lehrers standen, in der andern sein Weib über qualmigem Feuer wirtschaftete, in der dritten der Lehrer ein paar schmutzige Kinder versammelt hatte, die er mit dem Stock in Respekt hielt, ohne daß er ihnen etwas beizubringen wußte. Oder der Herzog, den man nicht kannte und vor dessen Namen die Leute in blinden Schreck verfielen, mußte den Schulmeister erst aus dem Walde holen lassen, wo dieser Holz zusammensuchte, oder aus einer Scheune, wo er für ein paar Pfennige Knechtsarbeit tat. Als der Landesherr aber nun an den ersten Fachwerkhäusern vorüberfuhr, schien es ihm, daß hier ein besserer Geist wohne; selbst ein paar Heckenrosen wollten wieder aufkommen in den Gärten, und in einem Stalle, dessen Tür offen stand, wandte sich eine Kuh langsam nach dem Räderrasseln um. Eh noch die Dorfstraße auslief in den Kirchplatz, verließ der Herr den Wagen; es war eben acht Uhr, die vorgesehene Zeit, freilich brachte die Turmuhr die Schläge nicht mehr zusammen; sie versuchte sich viermal, unter schwerem Atemholen, und blieb dann stecken, da kam aus einem reinlichen Hause gegenüber der Kirche frommer Kindergesang, und Herzog Ernst wußte nun, wohin er zu gehen hatte. Zwar blieb er auf der Haustreppe stehen, den Gesang anzuhören; es war dasselbe Lied, das diesen

Morgen eine Stunde früher die kleinen Prinzen und Prinzessinnen gesungen haben mochten im Schloß zu Gotha: «Christ, der du bist der helle Tag»; und der Vater meinte fast die Stimmen seiner eigenen Kinder zu hören, so daß er auch den zweiten Gesang noch abwartete; dann, als sich die fragende Stimme des Lehrers erhob, trat er ein.

Wohl konnten die Kinder nicht wissen, wer der Mann im grauen Rocke war, der da plötzlich vor ihnen stand; sie saßen, sorgfältig in drei Reihen abgeteilt, auf den Bänken, die kleinen Hände im Schoß, und sahen ihn verwundert und furchtsam an; vor ihnen aber, auf einem alten Krankenstuhl zur Seite der Tafel, suchte sich der Schulmeister, ein ausgezehrter Mann, aus den Decken aufzurichten, in die er sich gewickelt hatte. Da trat der Herr, den das Bild dieser Ordnung erschütterte, zu dem Kranken und drückte ihn wieder leise nieder auf seinen Sitz; und da über dem grauen Kopf des Lehrers ein fleckiger Kupferstich an der Wand hing, der, vielleicht aus irgendeinem verschollenen Buche stammend, den Landesherrn darstellte, so erkannten die Kinder mit einem Male, daß dieses ferne fremde Bild einem lebendigen Menschen glich; denn es waren eben die starken, wie von einer immerwährenden Behutsamkeit und Vorsicht hochgezogenen Brauen, die tiefen Linien auf der Stirn und um den Mund, die eingesunkenen Wangen, langen niederfallenden Haare und der spitze Kinnbart, alle die Merkmale, die sie so lange fast ungläubig betrachtet; und so mußte es auch wahr sein, was der Lehrer erzählt hatte von dem Herzog, der sich ein unermeßlich großes Schloß erbaut hatte in Gotha – es sollte ebensoviel Fenster haben wie das Jahr Tage – und doch nicht dort oben blieb in den weiten Sälen und Gemächern, sondern wie ein einfacher Mann, ohne sich zu schonen, durch das Land reiste und einen jeden Tag eintreten konnte durch die Tür. – Sie sollten aufstehen, denn ihr gnädiger Herzog sei gekommen, rief ihnen der

Lehrer zu; und als sie nun noch ein Lied anstimmten zum Lobe Gottes, sang der Fürst, neben dem Stuhle des Lehrers stehend, kräftig mit; dann setzte er sich an das Ende einer leeren Bank und bat, die Kinder zu fragen; er wolle nur zuhören – oder lernen. Da hörte er denn die Kleinsten die Reimgebetlein sprechen; sie taten es hastig und achteten mehr auf den klingenden Zusammenschluß der Reimworte als auf die Bitte selbst, denn sie wußten noch nicht viel vorzubringen vor dem Herrn; doch kannten sie alle die Sprüche, die der Herzog mit seinen getreuen Helfern ausgewählt und hatte aufsetzen lassen. Die Mittleren sprachen die Psalmen und lösten einander im Erzählen der Schöpfungsgeschichte ab; die Obern antworteten auf die Fragen, die der Katechismus verzeichnete, und hielten selbst, als das Rechnen begann, im Kreuzfeuer des Hinzutuns und Abziehens, des Vermehrens und Teilens tapfer stand; indessen saß der Herzog, zuweilen den Lehrer ermunternd, oder auch einem Kinde zunickend, wenn es diesem die Stimme verschlagen wollte, sinnend da. Dann begann er selber zu fragen, nahm das Zweiglein aus der Tasche und hatte die Freude, daß die Kinder die Tollkirsche wohl erkannten; den Namen des Ehrenpreis wußten sie jedoch nicht; und als er sie nach den Metallen fragte, da wußten sie wohl von Silber und Gold, aber nur wenige hatten eine Vorstellung davon. Also zog er ein silbernes und ein goldenes Kettchen hervor, ließ sie in der Sonne glitzern und blitzen, so daß die Kinder fast den Respekt vergaßen und in ihrem Staunen herandrängten; dann gab er die Kettchen dem Lehrer hinüber: sie sollten künftig in der Schule bleiben, damit die Kinder das Echte vom Falschen unterscheiden lernten, so wie sie auch unterscheiden sollten zwischen dem echten Wort des Herrn und dem falschen und leeren der Welt. Dabei warf der Herzog einen Dukaten hin, der wie Blech klang und aus den unseligen Zeiten stammte, da die Wucherer das Geld verdarben im ganzen Vaterlande, nicht anders wie die falschen Propheten die reine Lehre Christi; und er legte einen echten Dukaten daneben und ließ sie beide auf der Tischplatte springen, den falschen, der nicht aufhören wollte zu tanzen, und den echten, der bald ruhig lag, so daß ein goldener Schein an der Decke stand. Er fragte auch, wieviel Taler einen Dukaten machten, und zählte, als die richtige Antwort erfolgte, die Stücke daneben; dann wandte er sich den Obern zu und stellte ihnen die schwere Frage, wievielmal der Umfang des Kreises größer sei als sein Durchmesser. Darauf wußten sie keinen Rat, und als der Schulmeister, der schon befürchten mochte, daß der Herzog auch ihm die richtige Antwort nicht zutraute, mit einer umständlichen Erläuterung nach gelehrten alten Büchern begann, nahm der Herzog lächelnd seinen runden Hut, ließ einen Knaben mit einer Schnur von Rand zu Rand über die Mitte messen und dieses Stück dann um den Hutrand legen, so daß alle sahen, wie die Länge des Durchschnitts dreimal angelegt werden mußte, um den Umfang zu füllen.

Wie nun das Schreiben beginnen sollte, zeigte es sich, daß die Hand des Lehrers noch an die Schnörkel gewöhnt war, mit denen die Kanzlisten in den Amtsstuben einst ihre langen Tage auszufüllen pflegten; darum ließ der Herzog durch einen Knaben die neuen Schreibhefte und in Kupfer gestochene Vorlagen aus seinem Wagen holen. Aber er sah wohl, wie die Hand des alten Mannes, auf dessen Gesicht noch das Entsetzen des großen Krieges stand, dem Neuen nicht so leicht sich angepaßt hätte; darum ließ er ihn an die Seite des Tisches rücken, setzte sich selbst an die andere und rief die Kinder herzu. Der Herr schnitt selbst die Feder, um zu zeigen, wie man ihr die feinste Spitze gebe, so daß sie leicht und doch kräftig schreibe; er prüfte die Tinte, die der Lehrer angesetzt hatte, wie es Vorschrift war, und fand sie gut. Es war so hell im Zimmer und die Sonne flutete so mächtig über die ausgebreiteten weißen Blätter und die Köpfe der Kinder zu den Wänden hin und von diesen zurück, daß der Herr das neue Schreibheft in den Schatten des Fensterkreuzes zog, der breit auf dem Tische lag. Er glättete sorgfältig die Blätter, brach sie, um einen Rand zu schaffen; dann ließ er sich ein Lineal und einen Griffel geben und zog in gleichen Abständen farblose Linien, auf denen die Buchstaben sicher aufmarschierten, das i, das n und das m, und zuletzt die schweren, die sich in schönen Bogen rundeten. Inzwischen brachte der Sekretär auch Zirkel und Lineale herein und verschiedene Bücherpakete; der Herzog schrieb noch den ersten Vers der Schreibübungen, der mit A beginnt, unter das Alphabet:

Auf Gott vertraw,
fleug Tück, Pracht, Hex- und Zaubereye,
An Christus glaub,
der macht von Sünden qvitt und freye.

Dann verteilte er, was er mitgebracht hatte: das Abc- und Syllabenbüchlein, das Lesebüchlein, in dem Dr. Luthers kleiner Katechismus enthalten war, das Gesangbüchlein und das Rechenbüchlein, die sein treuer Rektor Andreas Reyher verfaßt hatte; und da er der Meinung war, daß der Ernst des irdischen Daseins ein Versteckenspiel mit dem Tod auch vor der zartesten Jugend nicht erlaube, so teilte er die selige Sterbekunst seines Superintendenten Salomon Glaß unter den Kindern aus. Endlich sagte er ihnen, daß sie ihn, mehr aber noch ihren himmlischen Vater, wohl zufrieden machen würden, wenn sie unter der Leitung ihres treuen Lehrers so fortarbeiteten wie bisher; zum Zeichen seiner Freude wolle er einem jeden einen Groschen schenken. Er griff in die Tasche und gab einem jeden Kinde eine Münze in die Hand; sie umdrängten ihn laut, sahen aber dann, daß er das Ungestüm nicht liebte und traten einzeln, befangen oder freier, an ihn heran. Darauf wandte er sich an den Lehrer mit dem Versprechen, ihm einen Gehilfen zu schicken; ganz wolle er seinen treuen Schulmeister nicht entbehren, denn er sehe wohl, daß dieser sein Amt so verstände, wie Christus es eingesetzt habe, als er das Kind in die Mitte der Jünger rief; er lehre den Kindern nicht nur das Lesen und Schreiben, sondern mache sie zu Christen, was mehr gelte denn alle Kenntnis und Wissenschaft. Auch wolle er ihm seltene Steine und gepreßte Pflanzen senden aus Gotha und eine Karte des Herzogtums; was mit Augen angeschaut werde, das bleibe; was aber nur beschrieben werde, das würde auch wieder vergessen. Dabei zog er einen Katechismustaler hervor, ein großes hell leuchtendes Stück, auf dem die göttlichen Eigenschaften in Reimen verzeichnet waren, und reichte ihn dem Lehrer, auch jetzt nicht duldend, daß dieser sich von seinem Krankenstuhle erhebe, und, statt den Dank anzuhören, noch ein Lied verlangend. So sangen die Kinder, gemeinsam mit ihrem Herzog, die erste Strophe des Liedes «Von Gott will ich nicht lassen»; unter der zweiten trat er hinaus, mit dem Winke, daß sie weiter singen sollten, und so hörte er ihre Stimmen noch auf der Treppe und unten im Wagen, der eilig das Dorf verließ auf der Straße nach Gotha.

Aber je schneller sich die helle Schulstube entfernte, um so quälender erwachte auch die Sorge. Die drohende Not ließ sich wohl für eine halbe Stunde durch Kinderstimmen vertreiben; doch in dem gleichförmigen Knarren der Räder wuchs sie an, indes der Wagen, heftig angetrieben, in den Tälern schon in den Schatten tauchte und auf den Höhen kurz das Licht durchstreifte. Zwar ließ der Herzog, wie sonst, langsam an den Dorfschenken vorüberfahren, um darauf zu achten, ob Streit oder das Lärmen Betrunkener zu hören seien; er rief wohl auch einmal einen Vorübergehenden an, ihn nach dem Pfarrer des Dorfes zu fragen, ob er gut predige und ob auch der Schulmeister mit Fleiß sein Amt versehe; und der Sekretär konnte auch jetzt keine Zeichen der Erregung an dem Herrn wahrnehmen, dessen Gedanken sich doch weit entfernen mußten, über die Grenzen des

Herzogtums den Grenzen des Reiches entgegeneilend, die um diese Zeit vielleicht schon von bunten wimmelnden Reiterscharen überflutet waren. So war es Nacht, als der Herzog seine kleine Hauptstadt erreichte, die eigentlich nichts weiter darstellte, als die von Häusern eingefaßte Auffahrt zum Schlosse; er bemerkte ein paar Schüler seines Gymnasiums, die sich vor dem Mondlicht in den Schatten drückten, und nahm sich vor, dem Rektor noch strengere Zucht anzubefehlen. Als der Wagen die Windungen des letzten steilen Anstiegs nahm, überblickte der Bauherr die gewaltige ernste Front, die grauschimmernd, wie eine Felswand in der Helle der Mondnacht stand; nur in der Wachtstube blinkte Licht; auf der langen Fensterreihe, die den Schlaf der herzoglichen Kinder behütete, lag, wie auf allen andern Scheiben, allein der blasse Widerschein des Gestirns. Er wußte, die Ordnung, die er anbefohlen, galt bei seinem Fernesein nicht minder als bei seiner Anwesenheit; es gab keine Bestürzung im Schloß, wenn sein Wagen durch das lange Gewölbe der Einfahrt rollte. Innen, der riesige Hof, lag leer im Schutz der beiden Türme, die, wie die beiden auf Laubengängen ruhenden Flügelbauten, einander vollkommen gleich, den Bau abschlossen und die dunkle Gesteinsmasse, sie noch einmal verdichtend, ernst der Höhe entgegen führten. Zur Linken, unter dem schweren Gewölbe des Laubengangs, standen ein paar Körbe: Äpfel, wie man dem Herzog sagte, die ein entferntes Amt am späten Abend noch, als der Verschließer nicht mehr erreichbar war, eingeliefert hatte. «Sie wollen die ersten sein und nehmen sie ab, eh sie reifen. Warum?» fragte er vor sich hin; darauf gab er Anweisung, daß man die Körbe über Nacht in den Hausflur setze und am Morgen der Herzogin Meldung tue, damit jemand zum Auslesen und Einräumen der Früchte bestimmt werde. Er nahm, als er am Tor der Schloßkirche vorüberkam, den Hut ab und ließ, indem er die hallende Treppe hinaufstieg, den Kanzler rufen. Ehe er aber in sein Zimmer trat, klinkte er die Türe zur Linken auf, hinter der der Erbprinz schlief; er fand den Jüngling ausgestreckt in ruhigem Schlafe, das Gesicht, zwischen den langen über das Kissen wallenden Locken, zur Decke gewendet, und daneben, in der anstoßenden Kammer, den Hofmeister, der über dem Schritt des Herrn zusammenschrak, auf dessen Wink aber liegen blieb. Leise durchschritt der Vater die folgenden Räume, an jedem Bett einen Augenblick verweilend und des himmlischen Beschützers gedenkend, der seine Hände hielt über den Schlaf der Kinder; er zog eine Decke zurecht, die herabgleiten wollte, schloß ein Fenster, das sich gelockert hatte, denn der Atem der Nacht kam kalt über die Kissen. Als er in die Zimmer der Prinzessinnen trat, wurde sein Schritt noch behutsamer; aber Elisabeth Dorothea, deren Schlaf leise war, weil das Leben sich hereindrängen wollte in ihre Kammer, erwachte und griff nach seiner Hand, sie zu küssen; er strich ihr über das Haar. Nur die Kleinsten, die, dem Zimmer der Mutter am nächsten, nebeneinander in ihren Betten schliefen, hatten sich noch nicht gewöhnen können, ausgestreckt auf dem Rücken zu liegen, wie der Vater es wünschte; sie hatten sich der Wand zugekehrt, dem Schlaf ganz hingegeben, als saugten sie unergründliches Leben ein; er ließ es geschehen. Vor dem Gemach der Herzogin wandte er sich um: er wußte, sie würde erwachen und ihren Anteil an seinen Sorgen begehren.

Der Kanzler wartete im Arbeitszimmer; es war ein weiter Raum, auf dessen langen Tafeln die Bogen und Zettel sauber geschichtet, streng voneinander abgetrennt, lagen. Über dem Schreibtisch an der linken Wand hing die Karte des Herzogtums, das mit scharfen Zacken und Klammern sich tief in die Nachbarländer bohrte und doch selbst wieder durchlöchert und zernagt wurde von kleinen Herrschaften, die es von allen Seiten anfielen und bis in sein Inneres vordrangen; daneben, auf größerer Karte, griff das Reich mächtig nach Osten und Westen und Süden aus, aber fremde Tiere hatten sich verbissen in seinen Leib, oben an der Nordsee, und in seiner eigentlichen Mitte, wo über die Alpen hinweg seine südliche und seine nördliche Hälfte sich verbinden sollten; es schien, als verzerre sich sein Körper unter einem furchtbaren Schmerz, die Umrisse krümmten sich und zerfetzten, und die es umlagernden Gewalten fraßen sich in einen jeden Riß und eine jede Wunde ein. Die dritte Karte aber wußte nichts von Grenzen und der Enge des Raumes; auf ihr standen die Sterne still, nach ewigem Gesetz, in seltsame Bilder geordnet, und die Planeten zogen unbehindert ihre immer gleiche Bahn. Des Herzogs Augen glitten über die drei Karten und blieben an der Stelle haften, wo das Reich sich gegen den Platten-See und über die Raab hinaus in die ungarische Ebene drängte; die Kerzenflammen bebten noch von seinem Kommen, und die Grenzlinien schienen zu schwanken und zerfließen zu wollen; dann, indem sich der Fürst zur mittleren Tafel wandte, ruhten seine Augen lange auf dem seltsamen Gegenüber der Karten. Dort, an der andern Wand, beugten sich zwei menschliche Gerippe, die nur ungenügend befestigt waren, vornüber, als wollten sie sich zur Erde senken, wie das Fleisch, das sie getragen hatten; zu ihren Füßen scharten sich die Skelette von Hunden, Füchsen und Vögeln, eine ganze Todeswelt, die bereit schien, das Gemach zu erobern. Indessen hatte der Kanzler, der es gewohnt war, daß sein Herr im Anschaun dieser Dinge verweilte und von ihnen unvermittelt überging zur Tat, mit dem Vortrag begonnen: nachdem es lang an der Südostgrenze des Reiches über der Ebene gegrollt und geblitzt, waren die Scharen des Großwesirs plötzlich vorgebrochen; die Gerüchte bestätigten sich in weitestem Umfang; zwar sei der kaiserliche General Montecuccoli entschlossen, mit zusammengerafften schwachen Kräften sich den Angreifern im letzten Augenblick entgegenzuwerfen, um ihnen Wien nicht kampflos zu überlassen;

doch sei bei der bekannten schlimmen Verfassung des kaiserlichen Heeres und der geringen Hilfsvölker keine sichere Hoffnung auf die Errettung der Stadt. Wenn aber Wien gefallen sei: wo sei dann ein Halten? Nach am Abend eingelaufenen Nachrichten seien die böhmischen und mährischen Grenzorte bereits bedroht.

Der Herzog war vollkommen gefaßt; er verordnete die unverzügliche Einberufung der Landstände zur Bewilligung der Steuer; des Geheimen Rates zur Besprechung der an die Stände zu stellenden Forderungen; der Ritterpferde zur Musterung der Krieger, die in voller Rüstung, mit Pistolen und Seitengewehren, aufgerufen wurden; eines doppelten Aufgebotes von Arbeitern, die endlich den Stadt und Schloß umfassenden Befestigungsbau, der seit Jahren im Gange war, wegen Geldmangels aber nur langsam voranschritt, zum Abschluß bringen sollten. «Aber was ist damit getan?» fragte er, indessen der Kanzler noch hastig schrieb. «Es kommt kein Krieg von ungefähr: alles was in der Welt geschieht, hat seinen Ursprung im Innern. Die dreißigjährige Not kam, weil die Menschen sich abgewandt hatten von Gott. Meinst du, dieser Krieg, ob er auch nichts hervorbrachte als Zerstörung, sei sinnlos gewesen; und es sei nichts weiter als ihre Tücke, die mit einem Male die Völker des Großwesirs aufrührt und gegen die Grenzen unseres Reiches treibt? Wir sind's, die sie herziehn. Auf den Schlachtfeldern, in der Burg zu Wien, und in den Schlössern der andern Könige geschieht nicht so viel, wie es scheint; ich habe selbst gegen den Pappenheim gekämpft und weiß, daß ihn nicht mein Arm vom Pferde warf, sondern mein Glaube an das Wort. Was sich auf Erden begibt, das begibt sich zwischen unsrer Seele und Gott; und es ist mit den Schicksalen der Völker nicht anders wie mit uns selbst.» – Er gab die Verordnung, daß im ganzen Lande täglich um zwölf Uhr die Glocke geläutet werde, damit ein jeder im Volke ein Vaterunser bete zur Abwendung der Türkengefahr; als Avemann sich wandte, die Befehle in der Nacht noch ausfertigen zu lassen, rief ihm der Herzog zu: er solle auch ohne Aufschub die Schwarzburger Grafen von der Gefahr benachrichtigen, damit diese, als Paßwächter des Thüringer Waldes, bereit seien, ihre Pflicht zu tun. Der Kanzler stutzte nun doch: der Krieg sei noch nicht in Deutschland! «Er ist es nicht», erwiderte der Herzog, «doch ist vielleicht heute schon Wien erobert; und ob auch für uns keine Rettung mehr ist, wenn der Kaiser fällt, so will ich doch vor mir selber wissen, daß ich alles getan habe, um diesem Land seinen Frieden zu erhalten. Ich habe hier den Friedenstein gebaut, wo früher der Grimmenstein stand; ich hätt's vielleicht nicht getan, wenn ich nicht selber wie meine Brüder, die der Krieg verdarb, über die Schlachtfelder gezogen wäre; denn ich kenne den Krieg, Avemann, und ich hasse ihn ebenso gut wie ich ihn kenne. Die Stadt und das Land haben sie mir ausgesogen; als dann Friede war, kamen die Brände; nun schlafen die Bürger doch wieder unten in den Häusern: ich bin Gott dankbar für eine jede Stunde Schlaf, die er meinem Lande schenkt. Können wir doch morgen wieder beginnen! Warum wäre ich Herr, wenn ich über Schlaf und Arbeit nicht wachte! Mein Garten will eben ins Blühen kommen, und ich hoffte, daß mein Sohn ihn in diesem Stande fände; die Wilden, die der Krieg gezeugt, werden wieder zu Menschen, und ich war schon vermessen genug zu glauben, daß ich mit diesem Werk vor dem Herrn bestehen könnte, aber er schickt neue Gefahr, und es ist gewiß, daß alles untergeht bis zu dem letzten Schulhaus, das ich habe bauen, und dem letzten Baum, den ich habe pflanzen lassen, wenn wir nicht vor Gott bestehen. Der Herr will unsere Absicht, über unsere Taten entscheidet er allein. Wenn wir nicht alles wollen, vom Größten bis zum Geringsten: woran soll er uns erkennen? Ich weiß, daß auch an dem Wohlstand nichts liegt, den ich vielleicht hätte begründen können: Herzog bin ich nur, damit in meinem Lande die Seelen ihren Weg finden zu Gott; und wie könnten sie ihn finden, wenn ich ihn nicht selbst gefunden habe? Der Fürst kämpft den größten Kampf; seine Untertanen sind nur, was er ist. Ob ich bestehe, weiß ich nicht; aber ich will es versuchen.» Der Kanzler fühlte, daß dies nicht die Stunde war, dem Herrn eine gute Nacht zu wünschen, und ging schweigend.

Der Herzog sah lange auf die kleine, mühsam den Berg ersteigende Stadt hinab, über die der volle Schein des Mondes wanderte; nur hinter den Fenstern der Türme brannte Licht; wäre aber irgendwo unter den Dächern eines aufgeflammt: er hätte das Haus und seine Bewohner bezeichnen können. Es war vollkommen still, und es schien immer so gewesen zu sein wie in dieser Stunde: in den Frieden der Erde und des Himmels war die kleine Siedlung gebettet, als hätte sie nie einen Krieg erduldet. Je länger das Auge verweilte, um so deutlicher trat seitlich am Berghang das Mauerwerk des Befestigungsbaues ins Licht, das, unfertig, mit helmlosen Türmen, hinter dem Schlosse hervordrang und sich gegen die Stadt hinabsenkte, diese gleichsam zusammenzuschnüren und an das Schloß zu ketten. Lücken klafften darin, und daneben lagen gehäufte Bausteine, als hätten Feinde den Wall schon durchbrochen und die Trümmer beiseite geschafft, um Wagen und Pferde hereinzutreiben und sich dann an das Ausrauben und Fortschleppen zu machen; Herzog Ernst bereute bitter, den Bau nicht gegen den Widerstand der Landstände noch entschiedener betrieben und durchgesetzt zu haben, aber er fühlte zugleich, daß es einen ernsteren Kampf galt als diesen mit Steinen, Gräben und Geschütz und trat zurück. Denn dort, wo die stummen Prediger des Todes versammelt waren, wartete eine Tür, die der Herzog jetzt öffnete; sie führte in einen schmalen Raum, der zwischen steinernen Wänden nichts bewahrte als Altar und Kruzifix. Er entzündete kein Licht; der schwache Schimmer der Kerzen fiel durch die offene Tür aus dem Arbeitszimmer auf den Knienden, der, allein der Kraft seines Gebets vertrauend, dem Herrn sein Land und sein Werk empfahl. Je mehr er sich Gott entgegenrang, um so nichtiger fühlte der Betende sich selber werden, bis er fast vernichtet war, und nur den Auftrag, den er von der göttlichen Macht empfangen hatte, und diese Macht selbst gegenwärtig fühlte. Erst als mit dem grauen Licht hinter dem Altar in ihm die Gewißheit aufglomm, daß sein Gebet nicht völlig vergeblich sei, stand der Herzog auf; die Worte über dem Kreuze, die er sich früh zum Richtmaß erhoben, *In silentio et spe,* begannen zu erdämmern, und er glaubte, nachdem er dem ersten genug getan, nun doch ein geringes Anrecht auf die Verheißung des zweiten zu haben.

Er begann im Arbeitszimmer die Papiere durchzuprüfen, die sich während seiner Reise angesammelt hatten; hier lagen die Akkordabschlüsse, die mit neu aufgenommenen Maurern und Hilfsarbeitern wegen des Festungsbaus gemacht worden waren, dann die Lohnzettel selbst; und er verschmähte es nicht, einen jeden einzelnen darauf anzusehen, ob die vorgeschriebenen drei Groschen Tagelohn für die Männer, die zwei für die Frauen und Knaben bezahlt und verrechnet, wieviel Kalklöschern, Bildhauern, Schreinern und Glasern, Schieferdeckern und Steinmetzen vergütet worden war; er versah ein jedes Blatt mit seinem Namenszug und den Initialen seines Titels, schrieb dann das Datum auf das erste und schnürte mit einem Bande den Pack zusammen. Er prüfte die Berichte der Hofmeister über das Betragen der Kinder: von Tag zu Tag verzeichneten sie kurz den Fortgang des Unterrichts, vermerkten auch ungewöhnliche Antworten und bedenkliche Unarten; der Vater mußte lächeln über den störrischen Eigenwillen der Kleinsten, wurde aber ernst, als er ein solches Widerstreben in gewunden-vorsorglicher Sprache von einem der älteren Prinzen gemeldet fand. Draußen der bleiche Himmel färbte sich langsam; und der Herzog trat in die Fensternische, um dem Stadtpförtner ein wenig aufs Handwerk zu sehen; als der Stundenklang zu erzittern begann über den Dächern, falteten sich auch schon die Torflügel auseinander, und der Stadtsoldat trat heraus, eh der sechste Schlag verhallt war. Doch es war noch zu früh, und der Herr kehrte an den Tisch zurück, eine Zeichnung mitnehmend, die auf einer der Seitentafeln lag: sie stellte eines der Schiffe dar, die der Fürst zu bauen gedachte, wenn es ihm im Einvernehmen mit seinem Nachbarn gelänge, die Werra bis zur Weser schiffbar zu machen. Er prüfte mit einem Zirkel die Maße nach, rechnete die Tragfähigkeit aus, zog ein paar Linien weiter und legte dann, mit einem leichten Seufzer, das Blatt in die Lade, die seine Lieblingspläne und Träume verschloß. Beim Hineinlegen ein paar Blätter zur Seite schiebend, wunderte er sich selbst über die krause Schrift, die da zutage trat, und die noch viel seltsameren Worte: es war ein Schreiben des Koptischen Patriarchen an Ernst, den Sultan zu Sachsen und Beherrscher Thüringens; und der Herzog erinnerte sich mit einer leisen Bitterkeit des Gesandten, den er hatte nach Abessinien schicken wollen, um das dortige Christentum zu erforschen und endlich einen Weg zu den Gläubigen Afrikas zu bahnen. Mochte der Gesandte ein Betrüger oder auch nur ein Narr gewesen sein, der sich in der Art der Gelehrten in der fremden Welt nicht zurecht fand, obwohl er sie doch gründlich studiert hatte in seiner Stube zu Erfurt – so daß er weder nach Abessinien gelangte, noch sich aus Ägypten zurückwagte nach Gotha –, war die Frage nach den Christen des dunkeln Erdteils nicht ernst; mußte sie nicht eine Antwort finden? Aber das Nächste und Dringende ließ den Landesvater dieser Frage und der großen Ferne, in der sich sonst so gerne seine Gedanken verloren, nicht länger nachsinnen; er nahm einige der Aufsätze vor, die Rektoren und Geistliche ausgearbeitet hatten über weitere Verbesserungen des Schulwesens, und schüttelte mißbilligend den Kopf, weil ihm das alles aus Bücherstuben zu kommen schien, nicht aus der lebendigen Nähe der Kinder oder dem schweren Dasein ihrer Eltern.

Da aber, eh der Zeiger den Klang der siebenten Stunde auslöste, schwebte über den Gang ein Gesang zu dem Einsamen herein; er kam aus dem Zimmer Elisabeth Dorotheas, die als erste ihr Morgenlied anstimmte; und nun erhob sich das Singen auch in dem nächsten Zimmer und bald in allen andern Räumen der Kinder, indes die Glocke einfiel und fern, hinter den Mauern, das Stampfen und Klopfen des wieder erwachenden Baus einsetzte. Der Vater hörte auf beides: die reinen Klänge der Erhebung zu Gott und den schweren Taktschlag des Erdenwerks, unter dem die Mauern erzitterten; er hob neben seinem Stuhl an einem Griff eine runde Platte des Parkettbodens auf und hörte zufrieden aus der Schloßkirche, über der das Zimmer lag, die Stimme des predigenden Pfarrers heraufschallen; dann begann er nach seiner Gewohnheit, das Schloß zu durchschreiten. Er trat in die Bibliothek ein, deren Verwalter dabei war, einen Stapel in Schweinfurt gekaufter Bücher im Katalog zu verzeichnen; die Ankömmlinge lagen noch heimatlos auf der Tafel, und der Herzog wies einigen schönen roten Lederbänden ihren Standort an und freute sich an dem neuen Bild der geschlossenen Reihe. Im Weitergehen hielt er einen Augenblick vor dem Schulzimmer, wo die oberste Klasse des Gymnasiums unterrichtet wurde; dann stieg er in die Halle hinunter, in der Waffen und Geschütz verwahrt waren; hier standen die von seinem Bruder eroberten Stücke noch, den der Krieg erhoben und verschlungen hatte, und die Fahnen hingen da, die Herzog Ernst selbst dem Feinde entrissen; er erinnerte sich der Trophäen nicht gern und sah gleichgültig, wie sie zerfielen und moderten und die Sonne ihre Farbe aufsaugte. Er schritt in den östlichen Turm, der in seiner äußern Gestalt ebenso streng und mächtig war wie sein Gegenüber, im Innern aber hohl wie die Eitelkeit der

Welt, die ihm auch den Namen hatte geben müssen: an Stelle der Geschosse weitete sich ein gewaltiger Saal, den drei übereinander liegende säulengetragene Gänge umliefen, in den Turmhelm hinauf, der vergoldet war. Von draußen dröhnte der Baulärm herein; der Boden des unteren Ganges aber wiederholte viermal in goldener Schrift den Namen «Jesus», darüber auf dem Boden des zweiten stand: «Es ist alles ganz eitel.» Von Diamanten, Rubinen und Smaragden blitzten die ersten Buchstaben, wie es der Eitelkeit ziemt; der vorletzte jedoch war aus Kupfer und der letzte aus stumpfem Ton. Oben unter dem dritten Gang leuchtete die Wahrheit: «Suchet, was droben ist, da Christus ist.» Der Schloßherr stieg hinauf, aus dem Fenster das Vollendete und das Werdende zu überblicken; das Geviert des Schloßhofs breitete sich mächtig, an drei Seiten von den Flügeln umschlossen, an der vierten, zwischen den Türmen, von einem nach außen geschlossenen Bogengang; in keinem andern Schmuck als dem gewaltiger Maße stieg der Bau auf den stützenden Bogen empor, grau, wie die Zeit, in der er gegründet ward, damit er helfe, sie zu überwinden; kein Fenster wich vom andern ab, kein Abstand ward verändert; noch die Dachfenster und Kamine gehorchten dem Gesetz der Symmetrie, als sei die eine Seite nur der Widerschein der andern. Der Herzog gedachte des bittern Kampfes, den ihn der Entschluß zu diesem Bau gekostet: war es nicht gegen die Erfahrung menschlicher Sterblichkeit, so für die Jahrhunderte zu bauen, als sei der Mensch auf Erden zu Hause und nicht im Unsichtbaren? Aber der Turm Eitelkeit widersprach: der Ruhm ward überwunden und seine Nichtigkeit wurde noch täglich, im Festsaale selbst, erlebt; dieser Bau wollte kein Denkmal sein, nur eine Mahnung; er wollte ein einziges Wort an das Land richten und vielleicht an das Vaterland, wenn es bereit wäre, darauf zu hören; nur das eine: Ordnung; und der Gründer meinte, dieses Wort müßte verstanden werden, weil es gefunden war im tiefsten Elend der Verwirrung. Aber wie sollte Ordnung sein, wenn nicht von Gott; und wie sollte Gott Ordnung auf Erden stiften, wenn nicht durch einen Fürstenstamm, den er beschwerte mit seinem Amt? Hier sollte vererbte Gewalt fortbestehn, das Leben hereinzuziehen in den einen großen Dienst, dem sich der Fürst unterwarf; wie die Stadt durch die Mauer an das strenge Schloß gefesselt werden sollte, so sollte durch das Beispiel des Fürsten das Leben gefesselt werden an das Unvergängliche.

Unten keuchten die mit Stein und Sand beladenen Wagen die gewundene Straße herauf; die Peitschenschläge und Rufe der Pferdeknechte gellten in die Luft, dumpf prasselten die Blöcke nieder, hell krachten die Stämme, die Axt und Keil auseinanderrissen. Die Mauerschlange krümmte sich vom Schlosse herab, umwimmelt von Menschen, die sich bemühten, sie mit Bastionen und Türmen an die Erde zu schmieden und indessen hinter einem Graben gefangen zu halten; der Herr blickte über die langen grauen Dächer hinweg auf das Land und den dahinter ansteigenden, ins Grenzenlose sich dehnenden Wald, der das Heranfluten der Äcker und Wiesen gleichmütig ertrug. Schloß, Stadt, Dörfer und Wald wuchsen zusammen mit einem jeden Axtschlag, der von unten heraufschallte, und es war dem Herrn auf dem Turme, als ob der Schlag seines eigenen Herzens sie alle bewege und durchdringe; er fühlte sich so eins mit dem Werk in der Nähe und dem draußen unsichtbar in den Scheuern und auf den Äckern, in den Schulhäusern und in den Waldtälern fortgehenden Leben, daß er wußte, es konnte keinen Einzelnen eine Gefahr treffen, die nicht ihn selber traf; und da er in den langen Stunden der Nacht alle, wie es sein Amt wollte, Gott überantwortet hatte, so sah er ohne Furcht in das Ungewisse.

Als er herabstieg und dann die hellen Galerien durchschritt, die den Hof umsäumten, kam ein Glücksgefühl in ihm auf, das stärker wurde, je mehr er sich den Zimmern seiner Familie näherte. Der Kanzler begegnete ihm auf der Treppe und wollte von einer Schlacht wissen, die die Kaiserlichen bei St. Gotthard an der Raab gewagt und gewonnen haben sollten; doch der Herzog winkte ab; an Siege glaube er erst, wenn sie bestätigt seien; er wolle nicht ungeduldig sein vor der Schickung, sondern ihr in Schweigen und Hoffnung entgegensehen. Im Weiterschreiten hörte er die ersten hellen Stimmen aus dem Zimmer kommen, wo ihn die Seinen um diese Zeit erwarteten; er ging langsamer, zögerte ein wenig vor der Tür und öffnete sie dann weit, daß das volle Licht ihm entgegenflutete. Die Gattin stand im Kreise der Kinder, deren jüngste jubelnd auf ihn zustürmten; und während er sie umfaßte und an sich drückte, nahm Elisabeth Dorothea, die, ihre Laute haltend, ein wenig beiseite geblieben war, für die beginnende Stunde mit einem Lied alle Last von ihm ab.

Die Rose des Königs

Es war der Tag des Gedenkens. Der Wagen hielt der Insel gegenüber auf der Uferstraße, die, von Schatten umdunkelt und von Lichtern überblitzt, dem Strome nachzog; zur gewohnten Stunde war der König gekommen. Der Gärtner stand neben dem Kahne am Ufer und bemerkte den Gruß wohl, der mit einem leisen Lächeln, kaum erhobenen Fingern gegeben wurde; als die Ruder sich sacht bewegten, und der Kahn, indes drüben der Wagen unter den Bäumen verschwand, über den fast strömungslosen Havelarm glitt, der gerade ausreicht, um der Insel ihre Einsamkeit zu geben, sah König Friedrich Wilhelm III. zur Sonne empor; sie hatte sich eben über die Eichenkronen des Eilands geschwungen; es war die gewohnte Zeit. Im Vorübergehen, da der Gärtner voraus ans Land gesprungen war und der König, ein hoher schlanker Mann, in der abzeichenlosen Offiziersuniform der preußischen Landwehr, die breite Mütze auf dem Kopf, ihm folgte, sah der Herr den Diener bedeutsam an: «Die Rose?» fragte er leise; es war, als ob der Gärtner umständlich antworten wollte, aber der Ausdruck der Freude auf seinem Gesicht war dem Landesherrn schon genug, so daß dieser nickte und sich bald unter den Büschen des Uferweges verlor.

Das Licht zitterte über ihm in den Zweigen, die in breiter Wölbung sich zum Wasser niedersenkten, und dann im Gerank des Laubengangs, der sich in sanfter Steigung vom Ufer abwandte, dem Innern zu; von dort, von der Wiese her, auf die sich der Blick noch kaum öffnen wollte, kam der Schrei des Pfauen. Der König blieb an den Beeten stehen, die den Weg säumten; hier schwankte die lange Glockenleiter der Campanula, von einem unmerklichen Winde bewegt, neben einem seltenen Mohn, dessen überschwere Blüte, da sie kaum entfaltet war, wieder niedergezogen wurde zur Erde; es waren die Farben, die der König gewünscht.

Er ging weiter, in das Licht, das der Strom von der Seite, nach ein paar Schritten aber von vorn, von mächtig gebreiteter Wasserfläche, durch Büsche und hängende Zweige ihm entgegenwarf; er sah fern ein paar von Möwen umkreiste Segel fliehn, trat für einen Augenblick auf eine Landzunge links vom Wege und überblickte das die Ebene überragende Waldufer, auf dem er gekommen war, und dann den in die Unbegrenztheit des Lichtes sich verlierenden Strom.

Doch er wandte sich um, dem Schlößchen zu, das, als Ruine verkleidet, sich unter den Platanen barg und zwischen runden Türmchen eine schmale Brücke hoch über sein Dach hielt; der König sah hinauf, und das Bild der Entschwundenen, deren Tag gekommen war, kehrte nun, fast sichtbar, zurück: sie stand, eine schlanke weiße Gestalt, im Klaren über den zerbrochenen Zinnen, die Hand über die Augen haltend, sich vor der Überfülle des Lichtes zu schützen. Er ging seufzend auf die schon geöffnete Tür zu, an dem Becken des Springbrunnens vorüber, in dessen Mitte unter der Glasglocke des Wassers ein frischer Strauß schimmerte; innen begrüßte ihn wieder das überhelle Licht der Insel, das von den Wellen durch die Fenster hereingestrahlt wurde, den kleinen Saal im ersten Geschoß aber fast unvermindert füllte. Hier stand ihr Spinett, auf dem sie in den ersten Jahren ihre fröhlichen und oftmals ausgelassenen Lieder gespielt, dann später, in der verdunkelten Zeit, die innigen, frommen Gesänge der Ergebung und des Harrens, die den nun Verlassenen vielleicht noch tiefer gerührt hatten; er öffnete behutsam das Instrument, schlug einen einzigen Ton an, der zwischen den getäfelten Wänden lange schwebte und dann doch den Aufstieg fand in das Unfaßbare; auch in das kleine Turmgemach trat er ein, das ein geflochtenes östliches Zelt vortäuschen wollte, nach der heitern Sitte vergangener Zeiten, die noch die Freude an Spiel und Verkleidung kannten; dann machte er die Runde durch das Arbeitszimmer, vor dem die Bäume sich dicht zusammenschlossen, Strom und Licht zu verbergen und den Blick ins Innere zu richten: auf das Amt und das Gesetz, – und weiter an seiner eigenen Schlafkammer vorbei, wo das schmale Feldbett, vom Fenster durch eine Wand getrennt, ganz im engen Dunkel stand, dem Schlafe allein gehörend wie das Zimmer daneben dem Dienst; – und endlich in den lichten Raum hinüber, der ihr Leben einst umschloß und den Blick wieder frei gab, auf die Inselwiese und ihre Bäume, die ganze sorgfältig eingeschränkte und behütete Landschaft einmaligen Glücks. Er sah auch die Turmtreppe hinauf, die zu dem Aussichtssteg führte und oftmals ihre ungeduldigen Tritte getragen hatte, wenn sie, allen Wartens müde, hinaufstürmte und oben das Türchen aufstieß, den Glanz der Weite in sich zu trinken, diese Treppe, die freilich auch die Niederschreitende gesehn, wenn die Wehmut abendlichen Verdämmerns aus dem Havellande sie überschattet hatte.

Lange stand er dort, die geöffnete Tür in der Hand haltend und hinauslauschend in das Treppenhaus, in dem die schmale Stiege spielerisch aufstieg; es erhob sich kein Laut, nur der Schrei des Pfauen drang stärker, sehnsüchtiger herüber; endlich kehrte der Einsame in das Arbeitszimmer zurück. Er fühlte den Trost wieder in sich aufklingen, mit dem er an diesem Tage die Insel betreten; es war, als schickte ihm das stumme Spinett im Vorübergehen diesen Gedanken zu; aber auch der ernsten Morgenstunde erinnerte er sich nun, und er wies sie nicht ab, wie es seine Art war, um sich aus seinem

Schicksal selbst seinen Glauben und seine Andacht zu holen. Er war durch die Fichtenallee im Charlottenburger Park, deren Düster die Verlorene ahnungsvoll geliebt, hinaufgegangen zu ihrem Heiligtum, niemand zum Geleite neben sich; die Kinder hatten ihre eigene Zeit. Oben, wo über der Gruft im Dämmerraum die Marmorgestalt der Entschwundenen ruhte, die Spuren ihres Leidens nur als ein Zeichen letzter Schönheit tragend, fand er auch die sieben Kränze der Kinder, wie er sie zu finden gewohnt war: den phantastischen des Kronprinzen Friedrich Wilhelm, den einfach-sinnigen des Prinzen Wilhelm, die Gewinde der Mädchen. Den Schlüssel der Gruft aber, die das Sterbliche unverklärt verschloß, verwahrte er allein, um gefaßt hinabzusteigen in die Tiefe des Schmerzes und des Gebets. Dort, so war es ihm, gehörte er dem Dasein nicht mehr an; hier, an der liebsten Stätte des vergangenen Lebens, überkam ihn die Sehnsucht; er nahm die Briefe der Kinder hervor, die er am Morgen in Charlottenburg auf seinem Tische gefunden: die in leidenschaftlicher Ergriffenheit beschriebenen Blätter des ältesten Sohnes, der vielleicht ihr Herz geerbt hatte, das überschwengliche, überreiche; und wieder den ruhigeren gefaßteren Brief Wilhelms; er fühlte die tiefe Wahrheit des Gelöbnisses unwandelbarer Liebe und spürte der Toten Gegenwart unter den Kindern; er sah das Schönste und das Furchtbarste seines Lebens treu bewahrt: die unbegrenzte, alles überwindende Liebe, die Luise in die kalten Schlösser des Königsgeschlechtes gebracht; und doch zugleich den Morgen, da er mit den beiden Söhnen im Wagen die Straße nach Hohenzieritz hinabjagte, das dreieckige Giebelfeld des Herrenhauses zwischen den Pappeln unter schweren Wolken erblickte und wußte, daß es keine Rettung mehr gab; daß dieser neunzehnte Juli der «furchtbarste Tag seines Lebens» sein werde. Die Kinder litten darunter, das wußte er wohl, sie würden das Gewesene nie vergessen, und der neunzehnte Juli, dessen Sonne heute wieder aufgegangen war, würde mit seinem wiederkehrenden Ernste das Geschlecht für immer begleiten und heranbilden für sein Amt; indessen, war sein Schmerz der ihre? Sie konnten Worte des Herzens sprechen, untereinander und mit andern; sie würden bald, wie er es wünschte, Menschen finden, denen diese Worte zugehörten als eigenster Besitz; ihm selbst war es bestimmt, zu verstummen. Sie alle erschlossen sich ja leichter als er: in ihnen war das Blut der Mutter mächtig, die auch dann ein vermittelndes Wort gefunden, wenn sein Mund von verletztem Stolze, gekränktem Gefühle verschlossen war; ihm aber war es geboten, dieses Erbe des Schweigens, das Geschlechter ihm übermacht hatten, zum Ende zu bringen, seit die Einzige gegangen war.

Da hob er sein letztes Gut empor, das die Erinnerung ihm bewahrte: das unverfälschte Bild der Verlorenen. Er überlas die Blätter wieder, auf denen er auch den kleinsten Zug vermerkt hatte, ohne die Schwächen zu verschweigen; sie bedurfte der Glorie nicht, denn das Licht ihres Herzens umstrahlte ihre ganze Gestalt und alle die Jahre, die Räume und Landschaften, durch die sie ihren Weg gegangen war vom Übermut des Glückes bis zur Ergebung in den Willen des Herrn. Er erinnerte sich des kleinen Verdrusses, den es oftmals gab, wenn sie zu spät bei der Tafel erschien, weil die Spazierfahrt oder die Beschäftigung mit einem neuen Kleide sie aufgehalten hatte; der Sorglosigkeit, mit der sie Briefe, die nicht für Fremde bestimmt waren, in ihren Zimmern verstreute; er wollte es sich auch nicht verschweigen, daß sie einmal einem Manne begegnet war, der ihr Herz nicht unberührt gelassen, dem Zaren, der einen eigenen, ihm selber versagten Glanz des Geistes zu entfalten wußte. Doch nie verletzte sie ihre Pflicht, selbst mit keinem Gefühle; ihr Herz täuschte nie; es hatte sich einmal vergeben und damit für immer; an das Tiefste ihrer Liebe rührte kein Äußeres. Denn sie wußte es wie er selbst, daß sich alles im Innern bereitet und die Menschen keinen Anteil haben an dem Entscheidenden, das sich in der Seele begibt. Er sah sie als glückliche Landedelfrau, in Paretz, in der Stille des Havellands, dort, wo die Bauern auf ihr Geheiß sich im Erntetanz drehten; oder aber auf der Dorfstraße am Abend, wenn die vom Felde Heimkehrenden ihr begegneten und sich freuten, daß sie wieder unter ihnen war; und er sah sie wieder, an jenem letzten Tag, da sie sich nicht trennen mochte, und, der Straße und dem harrenden Wagen nur widerwillig entgegenschreitend, hinausblickte auf das Wiesenland, durch das der Strom gelassen zog. Dazwischen aber lag die Flucht. Er erinnerte sich des Berichts von ihrer Fahrt nach Memel, da man die Kranke auf einem Stuhl in den Wagen getragen, und zur Linken des einsinkenden Gefährts das aufgewühlte Meer spielte mit einem Wrack; da dennoch, mitten aus Krankheit und Not, ihre Kraft sich noch einmal erhob, mit jener Unbesieglichkeit des Lebens und des Glaubens, die ganz aus ihrem Herzen kam. Freilich: wie oft mochte dann ihr Lachen klingen, nur um die Not zu verbergen; wie oft mochte sie gescherzt haben aus gepreßtem Herzen, ohne daß er selbst den Ton des Leidens vernahm. Und auch das Düsterste verbarg er sich nicht: die Stunde, da sie dem Imperator bittend entgegentrat; da sie als Königin nichts mehr vermochte und ein Letztes versuchte als Frau, eine gebotene Rose nur annehmen wollend für das Zugeständnis Magdeburgs.

Doch er versenkte sich tiefer in das Wunderbare ihres Lebens und Sterbens, während draußen der Sommermittag hinzog über das Land, und Schatten und Lichter langsam wanderten; wieder suchte er den Sinn ihres Todes zu ergrübeln, nach den Zeichen forschend, die das Ende im voraus verkündeten; bald nach der Rückkehr aus Königsberg erhob sich das Gerücht, die weiße Frau gehe durch das Berliner Schloß; während der letzten Tage in Sanssouci hatte sie diesen seltsamen

Traum, daß ihr Friedrich der Große, totenblassen Gesichts, auf einem Fluß in einem kleinen Kahne entgegenfahre und sie, die vergeblich nach den Zurückgebliebenen winkte, fortziehe; wohin? Forderte er sie ein – sie und alle? Sollte sie einkehren in die Tradition, die ihrem Innersten fremd war? In der vorletzten Nacht aber hörte die Wache vor der Garnisonkirche die Orgel über der Gruft Friedrichs erklingen, von unsichtbaren Händen gespielt.

Er fand auf den Blättern die Daten der großen Jahre: «Pfaueninsel, den 19. Juli 1812»; das war, als die Heere des Usurpators sich hindurchgewälzt hatten durch Preußen, dem Osten zu, und nun jene atemversetzende Stille folgte, und Europa lauschte auf die Kunde aus Rußland; er war hierhergefahren, sich zu versenken und zu beten: «Segne o Gott mein bedrängtes Vaterland und gib allem Guten Gedeihen.» Und wieder «Pfaueninsel, den 19. Juli 1813»; die endlich zusammengeraffte Kraft der Freiheitskämpfer war geschlagen worden bei Großgörschen und Bautzen; noch einmal wurde es still; in höchster Anspannung rüsteten die Gegner, machten sich die Völker bereit, auf den Plan zu treten; ihn aber zog es auch damals, in gefährlichster Ungewißheit, auf die Insel; der Stürmischen gab es genug, und sie mußten auch sein; war aber nicht auch ein anderes notwendig, das die wenigsten bemerken, weil es die Geschichte unsichtbar durchwaltet, ohne Ruhm, und nur bemerkt wird, wenn es verloren ist: ein Gewissen? Dies war sein Teil, und er begehrte keinen andern; wie aber jener Brunnen neben seinem Palais zu Berlin, der das beste Wasser gab, und den er deshalb dem Volke überließ, so, schien es ihm, müsse auch der König das Reinste und Beste geben ohne Lohn. Und wie das beste Wasser nicht aus Strom und See, sondern aus der Erdentiefe quillt, so auch dieser reine Wille des Königs aus dem Innersten der Seele und ihrer Einsamkeit. Während die andern dem Kampf entgegendrängten, betete er hier: «Ich danke Gott, daß er mir vergönnt hat, den heutigen Tag an dem Grabe der Verklärten feiern zu können.»

Und er hatte es wohl geahnt, daß, wie es inzwischen geschehen war, auch die errungene Ehre ihn nicht trösten würde über seinen Verlust, daß das Herz dunkel bleiben würde auch nach dem Schwinden der Macht, die sein Leben zerstört, die Einzige von seiner Seite weggerissen hatte.

Aber jetzt, da der Friede wieder über sein Land gekommen war und die Not und freilich auch das Feuer jener bewegten Zeit im Gedächtnis der Menschen erloschen, spürte er es tief, was er in den ersten schmerzdurchtobten Tagen zu Hohenzieritz erkannt, daß dieser Tod ein Opfer war, das von ihm gefordert wurde um des Landes willen. Wäre sie sein nicht gewesen, sie wäre nicht gestorben. Sie sollte helfen vor Gott; vor allem aber, sie sollte ihm genommen werden; vielleicht war diese Wahrheit nicht völlig zu ergreifen, vielleicht sollte sie nicht ergriffen werden; denn wem wäre es erlaubt, den Blick in die Tiefe göttlichen Wirkens zu tun? Aber er vermochte ihren Tod nicht anders zu ertragen und wußte, daß er ihn so ertragen sollte: die Vernichtung seines Glücks, die Verneinung des Herzens waren der von ihm geforderte Preis der Befreiung. So hatte er die Entschwundene auch, aus seiner Einsamkeit heraus und vielleicht ohne daß es von Vielen bemerkt ward, zur Beschützerin und Segnerin gemacht; das Kreuz, das die Krieger lohnte – und was anders konnte sie lohnen, als dasselbe Kreuz, das schon die Ritter trugen in Preußen –, ward an ihrem Geburtstag gestiftet; und oftmals, wenn er es einem Kämpfer verlieh, so waren seine Gedanken bei ihr, die den Streiter befeuert hatte. Sie, die einst ihm allein gehört hatte als das behütete Glück seines Hauses, war nun unsichtbar über allen.

Aber dies war endlich doch fern; wenn die Uhr drüben schlug, die ihr noch die Stunde angezeigt, wenn die Tür ihres Gemachs sich leise drehte, der kleine Saal wartete auf ihre Stimme, das Spinett auf ihre Hand: was blieb dann? Er suchte wieder die Zeichen ihres Lebens hervor: die fünf Ringe, die sie getragen und deren Verzeichnis er an ihrem Todestage noch zu Hohenzieritz gefertigt hatte, ein Band von ihrem letzten Kleid, einen Kranz, den sie für ihn mit den Kindern geflochten; er öffnete endlich den Schrank, der ihre Hüte bewahrte; die Inselsonne hatte sie gebleicht, mehr noch die Zeit; doch ein Schein einstiger Fröhlichkeit haftete noch immer an Seide und Band, an der hohen anmutigen Form, die schon ganz Vergangenheit war. Er vermochte es nicht, das Geringste zu vernichten, das ihre Hand berührt und das Bild der Entschwundenen in ihm zu erwecken im Stande war; und er wußte es doch: dies alles war tot; und vielleicht auch war es nicht der Wille des Herrn, daß die Verlassenen so am Vergänglichen hingen; lebte sie nicht in unberührbarer Jugend im andern Reich, indes ihre Spuren auf Erden verblaßten? Sie hatte das Land und seine Kämpfer gesegnet und somit manchem ein Zeichen gegeben; sollte sie nicht auch ihm, dem Gatten, ein lebendiges Zeichen ihrer Liebe gewähren, ihrer Gegenwart? Er glaubte unerschütterlich an die jenseitige Wiederkehr ihrer Tage; und doch, sollte ihn nicht ein einziges Wort erreichen hier auf der Insel seiner Einsamkeit, seiner Seele?

In Hohenzieritz, dort, nicht weit von der Treppe, hinter der er am letzten glücklichen Tag sich verborgen hatte, um von der Lachenden stürmisch hervorgezogen zu werden, weil nun doch ein paar Stunden des Glücks noch blieben, dort hatte ein Rosenstrauch gestanden, der Blüten edelster Form trug, in reinstem Weiß; sie waren die Freude der Sterbenden und bald der Schmuck der Toten. Er hatte sich entschlossen, es als ein Zeichen, eine Antwort zu nehmen, wenn der Stock, den er auf die Insel hatte verpflanzen lassen, an diesem Tage des Gedenkens erblühen würde, abseits des schmalen Wegs, wo die Eichen ein Stück Rasen freiließen; an der Stelle, die geheiligt war durch eine Erinnerung. Denn dort war sie eines Abends an seiner Seite gesessen, als hinter dem Buschwerk die Hautboisten spielten und der Prediger zu ihnen sprach über die Worte Ruths, von der Liebe, die sich nach Gottes Willen erfüllt und erst im gemeinsamen Grabe endet.

Er trat in den Garten hinaus, auf dessen Wegen die Schatten sich streckten; aber die Gewißheit der Erfüllung verlangsamte seinen Schritt. Wieder ging er ans Ufer vor; aus dem blauen Wasser stieg ein Bild herauf, das ihm schon fast entschwunden gewesen: er ruderte, sie stand aufrecht im Kahn; von der Wiese her kam das Lachen der Kinder, die sie überraschen wollten; Luise beugte sich leise und sah durch die hängenden Zweige hinüber; er legte das Ruder ein und sah die Lichter fließen über ihre Gestalt. Doch indessen er so hinunter blickte in die Tiefe des Gelebten und Unvergänglichen, über das die Wellenkreise zogen, hörte er Schritte; der Gärtner stand vor ihm, erregt, nach Worten suchend. Endlich stieß er hervor: Er selbst trage die Schuld, wenn nun der Zorn seines Herrn ihn treffe; leichter aber ertrüge er noch diesen Zorn als den Schmerz und die Empörung über die Untat, die sich ein Fremder auf der Insel erlaubt habe. Kurz eh der König gekommen, habe sich ein Paar vom jenseitigen Ufer herüberrudern lassen, junge Leute, denen er, da der König erwartet wurde, den Zutritt verwehrt habe. Sie hätten ihn aber so dringend gebeten mit der Begründung, daß sie aus einer fernen Stadt gekommen seien; sie hätten dabei mit so herzlicher Verehrung für die verklärte Königin und die Stätten ihres Lebens gesprochen, daß er endlich weich geworden sei, um so mehr, als der Herr an diesem besonderen Tage das Schloß erst am Abend zu verlassen pflege. Nun aber, da er zu dem Rosenstock auf der Wiese gegangen sei, um sich noch einmal daran zu erfreuen, bevor der Herr ihn selbst sähe, habe er seine Nachgiebigkeit bitter bereuen müssen; die Blüte, die, allen andern voraus, auf eine fast wunderbare Art, in den letzten Tagen immer entschiedener dem Licht entgegenstrebend, sich eben an diesem Morgen entfaltet habe, sei geraubt; vergeblich habe er die Insel durchsucht und durchlaufen, der Kahn, die Fremden seien verschwunden. – Da der König schweigend ins Wasser blickte, als sollte von dort ein Zeichen leuchten, das ihm selbst kostbarer war als die verlorene Rose, so fügte der Gärtner hinzu: vielleicht könne man zu einem Teil die Fremden damit entschuldigen, daß sie an dieser abseitigen Stelle ein Eigentum des Königs nicht vermutet und deshalb von dort sich ein Andenken an die Insel und ihre verehrten Bewohner mitgenommen hätten. Er habe sich aber, als er die Besucher eingelassen, ihren Namen erfragt, und so möge sie, wie auch ihn selbst, die gerechte Strafe treffen.

Doch der König schüttelte leise den Kopf; er sah über die Fläche des Stroms, die wellenlos im tiefsinkenden Lichte zwischen der umdunkelten Insel und dem glühenden fernen Uferlande lag und zog; wo die niederhängende Platane ein Stück des Stromes wie in lebendigem Rahmen umfaßt hielt, trieb nun ein Kahn, dem andern Ufer schon nah genug, um noch erreicht zu werden von der Sonne; deutlich unterschieden die Augen des Soldaten den Ruderer und vor ihm das Paar, das sich fest umschlungen hielt; so sah er die sich Entfernenden in das Bild gleiten und hindurch, ohne daß der Gärtner, dessen Augen noch immer an seinen Lippen hingen, sie wahrnahm. «Keinen Namen», sagte er dann; «der Mann kann einmal etwas zu bitten haben; würde mich erinnern; vielleicht abschlagen.» Er wandte sich, das Schloß zu umschreiten und der Taxushecke zu folgen, in der sich die Nacht schon verfangen hatte; dann, zu Füßen der kleinen Höhe, auf der die Fontäne müde in ihr Becken fiel, blieb er stehen; die Pfauen sammelten sich um eine Eiche, in der Mitte des Rasens, flügelten auf den ersten, tief niederreichenden Ast, schwangen sich dann zum nächsten und weiter, bis sie Ruhe gefunden hatten im Gezweig; einer nur, der lange von fernher geschrien hatte, wollte ihnen nicht folgen, als der Mond schon stand über dem Pfauenbaum; endlich, mit einem zerreißenden Schrei, den das Wasser aufnahm und weitertrug, hob auch er sich empor, mächtig flügelnd, um den andern gegenüber hoch auf einer Kiefer zu ruhn; und es wurde still.

Der König ging zurück in die Zimmer, in denen die Sonnenwärme des erloschenen Tages noch gefangen war; wieder, in fremderem Licht, schimmerte der Strom auf, und der Einsame hörte die Wasser lange noch durch den Schilf und am Lande hin rinnen und ziehn, nachdem er sein ernstes Buch beiseite gelegt und ein Tuch der Entschwundenen, das ihm als Decke diente, über sich gebreitet hatte.

Die Wahrheit

In den letzten Jahren der Regierung Alexanders I. begegneten sich während eines Manövers der Oberstleutnant im Generalstabe Fahlenberg und der Fürst Bariatynsky, der als Rittmeister und Adjutant des Befehlshabers zur zweiten Armee versetzt worden war. Es war der Abend eines schönen Sommertages; die Offiziere gingen nach einem längeren Zusammensein im Hauptquartier hinaus zu einem Lehrbataillon, das in einiger Entfernung lagerte, um an dessen Kommandeur einen Auftrag zu bestellen. Das Licht war gleichmäßig ausgegossen über die Ebene, auf der in der Nähe und Ferne zwischen Steppe und Weideflächen das Korn reifte; da und dort erhob sich ein Baum, übernatürlich groß in seiner Einsamkeit und wie befangen vom Rauschen seiner Blätter und Zweige; klar zeichnete sich der mächtige Schatten auf die Erde. Jenseits des Umkreises der Heerlager, um die noch Reiter schwärmten, bewegten sich die Bauernwagen in die Ebene hinaus; Kähne trieben den Fluß hinab, gleichmütig, als sei ihnen kein Ziel bestimmt, keine Zeit zugemessen, als hätten sie sich, wie schwimmende Baumstämme, nie aus der Natur gelöst. «Wie schön es ist», sagte der Rittmeister stehenbleibend; er schien das Gespräch, das sie über Mittag in einem dumpfigen Zelt geführt, abschütteln zu wollen. «Ja», erwiderte Fahlenberg, «aber wie wenig gilt uns diese Schönheit, wenn das Unrecht uns drückt.» Bariatynsky sah ihn mit einem scharfen Blicke an: «Auch Sie klagen über erlittenes Unrecht?» – «Dieses ‹auch› ist so furchtbar», erwiderte Fahlenberg, «denn es schließt fast alle Rechtlichen ein. Mein Vater hat es in einer leidigen Sache vor dem Militärgericht zu fühlen bekommen, wer sich des Rechtes bemächtigt hat in Rußland und wozu man es mißbraucht.» Bariatynskys Augen leuchteten auf: «Oh, ich wußte es, Sie sind unser. Ich habe es Ihnen angesehen, als wir uns trafen. Denn nun scheiden sich in unserm Volke die Menschen von den Knechten. Hören Sie», fuhr er leidenschaftlich flüsternd fort, während sie weitergingen, «wie Sie, wie ich fühlen Unzählige. Es hat sich eine Vereinigung gebildet, die streng geheim ist. Ihr wird Rußland einmal seine Freiheit, seine Verfassung verdanken.» Fahlenberg blickte ihn betroffen an. «Sie sprechen von einer sehr fernen Zeit. Rußland vermag noch nicht frei zu sein.» – «Vielleicht nicht. Aber glauben Sie nicht, daß erst die Gedanken der Menschen sich verwandeln müssen, ehe sich die Zustände verwandeln? Darauf kommt es an. Wir müssen eine neue Auffassung vom Menschen und seinem Werte in das Volk tragen. Vor dem Menschen bricht die Tyrannei zusammen. Diese Aufgabe hat die Gesellschaft ergriffen. Wir brauchen nur Männer, die Mut haben und an das Edle unbedingt glauben; Männer, die dafür leben. Im letzten Krieg kam ich nach Frankreich. Dort lernte ich, mich zu schämen für mein Volk. Wie hat man es erniedrigt! Aber wir werden mächtig werden; dann werden wir vom Zaren die Freiheit Rußlands einfordern, und Rußland wird viel herrlicher gedeihen als der Westen.» – «Sie haben ein großes Ziel», sagte Fahlenberg ergriffen; «ich bitte Sie, rechnen Sie auf mich.» – «Gut. Ich wußte es. Wie Sie verstehen werden, kann ich Ihnen die Satzungen der Gesellschaft, ihre Zusammensetzung und ihren Umfang nicht entdecken. Nur zwei Namen will ich Ihnen nennen, um Ihnen für Ihr Vertrauen gleichsam das meine zum Pfand zu geben: der Staatsrat Juchnewsky und der Oberst Pestel gehören ihr an.» – «Das sind ausgezeichnete Männer.» Bariatynsky drückte dem Oberstleutnant die Hand: «Tragen Sie das Feuer weiter. Sie gehören uns unverbrüchlich an. Vergessen Sie das nie. Wir werden Sie rufen zu Ihrer Zeit.» Der Dienst entfernte die Offiziere so rasch voneinander, wie er sie zusammengeführt hatte, und erst nach langer Zeit unter völlig veränderten Umständen sollten sie einander wieder begegnen.

Während des folgenden Jahres hatte Fahlenberg auf einer Inspektionsreise in einem südlichen Gouvernement zu tun. Einmal, als er, schon ziemlich müde und ohne noch auf die Gegend zu achten, einer Stadt zuritt, wehte ihn ein frischer verwirrender Duft an. Er blickte auf und sah ein Landhaus, auf dessen niederes Dach sich die Fliederbüsche beugten; die Fenster standen offen und von der Rückseite des Hauses schimmerte das Grün des Gartens durch die Räume. Fahlenberg hielt an, sich an dem Duft des Gartens zu erquicken; da trat ein älterer Mann in strenger, aufrechter Haltung aus der Tür. Seine hohe Gestalt mußte sich leise bücken; nun blickte er den Reiter an; er mochte erkennen, daß dieser einen weiten Weg hinter sich hatte; so lud er Fahlenberg ein, das Haus zu betreten. In dem hinteren Gartenzimmer saß die Tochter des Hauses, Nastassja Pawlowna, ein Buch haltend, von dem sie sich nur für Augenblicke wegwandte. Der einfache Ernst des Zimmers und der Bewohnerin hatten den Fremden ergriffen, so daß er an sie zurückdachte, während der Vater ihn im anstoßenden Arbeitszimmer mit einem lebhaften Gespräch über Fragen der Militärverwaltung, vor allem die vom Zaren angelegten Militärkolonien, die so viel Abneigung und Haß im Lande erregten, festhielt. Als der Hausherr und seine Gattin ihn baten, über Nacht zu bleiben, willigte er gerne ein. Am Abend rührte den Fremden die im matten Lampenschimmer aufleuchtende Schönheit des Mädchens im Innersten; er spürte, wie dieses Leuchten aus einer großen, von den Eltern sorglich umhegten Einsamkeit kam; eine unter mancherlei Leiden herangereifte

Gewalt der Seele drang ihm entgegen, derengleichen er nie geahnt hatte. Von da an stand das niedere Haustor mit seinen Fliederbüschen vor seinen Augen; – auch der betäubende Duft umschwebte ihn, der alle Räume erfüllt hatte –; er kam wieder; noch war sein Herz von echter Leidenschaft nicht geprägt worden; nun überließ er sich ihr, ohne zu fragen, und selbst die verborgene Zärtlichkeit seiner Jugendjahre, die er seinem Dienste hingeopfert hatte, wurde in der Tiefe gelöst und strömte in seine Liebe ein. Dieselbe Kraft trug ihn wie die Geliebte; als sie ihn mit ihrer leise bebenden, fast singenden Stimme fragte, ob er ihr ganz, ohne Rückhalt gehöre – denn nur was ihr ganz gehöre, vermöge sie zu lieben –, bejahte er glühend. Auf dem Heimritt, während die überschwengliche Seligkeit der letzten Stunden sich leise beschwichtigte, erreichte ihn wie aus weiter Ferne, aber mit furchtbarer Klarheit die Stimme Bariatynskys: «Sie gehören uns unverbrüchlich an. Vergessen Sie das nie. Wir werden Sie rufen zu Ihrer Zeit.» Jetzt erst, da sein Ohr für die Laute der Leidenschaft geschärft war, erkannte er erschauernd, daß auch Bariatynsky in Leidenschaft gesprochen hatte, kalt fordernd, mit einer Macht, die keinen Widerspruch duldete.

Da er lange Jahre ohne Urlaub gedient hatte, gelang es ihm, seinen Urlaub über die Vermählung hinaus verlängern zu lassen; wiederholt schon hatte das Paar die Abreise nach der Garnison vorbereitet. Es fiel der jungen Frau schwer, das Haus der Eltern zu verlassen, und auch diese, namentlich die Mutter, schienen von Sorgen bedrückt; es war, als hätte das Elternhaus Nastassja noch einen gewissen Schutz geboten gegen die Gewalt ihrer Neigung und als fürchtete sie sich selbst vor dieser Gewalt. Als dann an einem dämmrigen Morgen der sorgsam gepackte Reisewagen vor dem Gartentore stand, entzündete die Mutter in der Wohnstube die Kerzen vor den Heiligenbildern; alle setzten sich nieder. Nun beteten die Eltern gemeinsam; sie segneten die Tochter;

dann hob die Mutter die Kniende vom Boden und führte sie dem Gatten zu, um sie nun erst diesem anzuvertrauen. «Verlasse sie niemals!», dies waren die einzigen Worte, die die Mutter unter Schluchzen hervorbrachte. «Möge Gott mich strafen, wenn ich sie verlassen sollte», erwiderte er heftig bewegt. Im Wagen, da er vergeblich versuchte, die ganz in ihren Schmerz gehüllte Nastassja in ihr gemeinsames Dasein zurückzuführen oder auch nur mit einem tröstenden Worte zu erreichen, fiel ihm die eben gegebene Versicherung schwer aufs Herz. Bariatynsky und seine Pläne erschienen ihm zwar so fern und unbestimmt wie so viele Liebhabereien und Beschäftigungen seiner früheren Jahre, die mit einem Male von einem mächtigen Lebensinhalt ausgelöscht waren. Aber hätte er es nicht doch, um der letzten Klarheit willen, sagen müssen, daß ein anderer sich auf diese Weise seiner versichert hatte und daß er sich diese Versicherung hatte gefallen lassen?

Die Erschütterung des Abschieds wirkte sich in einer fiebrigen Krankheit aus, der Nastassja sich eher hinzugeben schien, als daß sie ihr widerstehen wollte. Wohl sah sie den furchtbaren Kummer auf seinem Gesicht, wenn er, nachdem er sich sachte dem Lager genähert hatte, den Vorhang zurückschlug und sich über sie beugte; die Liebe und die Krankheit rangen miteinander in ihrer Seele; ihrer beider Liebe schien ganz in Leiden untergehen zu sollen. Nur zu dem deutschen Garnisonsarzt hatte Fahlenberg ein gewisses Vertrauen; dieser meinte, es gäbe Krankheiten, deren Ursprung sich nicht enthülle; sie kämen aus der verborgensten Tiefe des Menschen; so wage er auch nicht einmal zu sagen, ob Anlaß zu großer Befürchtung oder kein solcher Anlaß vorhanden sei; nur überwachen könne man die Kranke; vor allem müsse man ihr nahe sein, sonst bestehe die Gefahr, daß ihr im Grunde heftiger Lebenswille, nachdem er losgerissen sei von der Außenwelt, gegen sich selber wüte. So verbrachte Fahlenberg alle freien Stunden an ihrem Bett; ihre Bindung wurde noch inniger, noch tiefer; schon verlangte es ihn nicht mehr, sich in die Zeit zurück zu versetzen, da Nastassja gesund neben ihm herschritt.

Da, an einem Wintertage, wurde die Garnisonsstadt von der Nachricht geschreckt, daß Alexander I. fern am Asowschen Meer in Taganrog gestorben sei; ungefähr zugleich mit dem Widerruf dieser Meldung wurden sonderbare Ereignisse bekannt, die in Petersburg geschehen waren. Nikolai, der jüngere Bruder des Kaisers, habe Konstantin, dem älteren, gehuldigt; dieser aber habe schon vor Jahren zugunsten Nikolais abgedankt, und doch schien der Hof im Zweifel zu sein, ob Nikolai in diesem Augenblick rechtmäßiger Zar sei. So viel war dann doch gewiß, daß Alexander tot war; der Kommandant, ein rechtlicher Mann, der nur den geraden Weg gehen konnte, ließ das Regiment antreten und vereidigte es auf Konstantin; eine Verfügung, die eine Stafette nachts überbrachte, machte ihn im äußersten Maße betroffen; am andern Morgen ließ er, da Konstantin nun auch öffentlich abgedankt hatte, das Regiment dem Zaren Nikolai Treue schwören. So trat Ruhe ein, während immer stärker das Gerücht durchsickerte, in Petersburg sei die Unsicherheit über die Thronfolge zum Anlaß eines ernsten Militäraufstandes geworden; ganze Regimenter hätten sich für Konstantin erklärt und seien samt einer ihnen anhängenden Volksmenge auf Befehl Nikolais niederkartätscht worden; nachts habe man das Eis der Newa aufbrechen müssen, um die Toten, deren Zahl niemand angeben konnte, aus der Stadt zu schaffen. Dann hieß es, die Unsicherheit der Thronfolge sei von Verschwörern nur zum Vorwand genommen worden, um einen umwälzenden, den ganzen Staat bedrohenden Plan durchzusetzen; und als einige noch zweifelten, sah sich der Kommandant schon gezwungen, Offiziere des eigenen Stabes verhaften zu lassen, die beschuldigt waren, der über ganz Rußland ausgebreiteten, vielleicht vom höchsten Adel getragenen Verschwörung anzugehören. So mancher mußte erfahren, daß ein naher Freund viele Jahre lang ein Geheimnis vor ihm hatte, das ihn nun einforderte und von seiner Seite riß. Fahlenberg lebte auch in diesen bewegten Tagen, soweit es der Dienst erlaubte, der Sorge für seine Frau. Eines Tages, als er im Vorzimmer den Arzt erwartete, trat dieser mit dem schon üblich gewordenen Scherze ein: «Nun, einen von uns wird man auch bald fortbringen.» – «Nein», erwiderte Fahlenberg mit einem dankbaren Lächeln, «Sie lassen wir nicht fort. Wir werden uns an Ihnen festklammern mit allen Kräften.» Ein schwerer Ernst ging über die Züge des Arztes: «Nun, dann werden wohl Sie es sein, der gehen muß.» Fahlenberg, der unter sich den Boden wanken fühlte, vermochte dem Arzt nicht zu der Kranken zu folgen; er eilte zum Kommandanten und erreichte die besondere Vergünstigung, daß er noch wenige Tage bleiben durfte, um die Leidende vorzubereiten. Der General vom Tagesdienst verzichtete auf die Verhaftung und stellte nur Posten an die Haustür; es war keine Gefahr, daß Nastassja sie bemerken würde. Inzwischen schrieb der Oberstleutnant eine Reihe Briefe, die er mit den Namen verschiedener Poststationen auf dem Wege nach Bessarabien und aufeinanderfolgenden Daten versah: sie sollten Nastassja in gewissen Abständen zugestellt werden. Es kostete ihn die größte Anstrengung, seine Frau wenigstens auf eine Abwesenheit von einigen Wochen gefaßt zu machen; so lange sollte die angeblich befohlene Dienstreise dauern. Er konnte sich keine klare Vorstellung von der gegen ihn erhobenen Beschuldigung machen und war entschlossen, mit einem jeden Mittel seine rasche Heimkehr zu erstreben.

Im Schlitten peinigte ihn die Sorge um die Kranke mit verzehrender Macht, so daß sich der gutmütige Wachsoldat seiner annahm und ihn in den Pelz hüllte oder ihm einen Imbiß aufnötigte. Sobald er in der Eremitage vor dem Generaladjutanten Lewaschew stand, erklärte er auf das bestimmteste, daß er von einer geheimen Gesellschaft nichts gewußt und an einer solchen Verbindung nicht teilgenommen habe. Lewaschew hörte ihn ruhig an und ermahnte ihn noch einmal, die reine Wahrheit auszusagen. «Es ist die Wahrheit», sagte Fahlenberg fest; das Gewicht seiner Worte kam ihm kaum zu Sinn; er sah sich nur auf dem Wege zu der Kranken, deren Kraft von Tag zu Tag dahinschwinden mußte. Der Generaladjutant nahm die Aussage ohne Andeutung einer persönlichen Meinung zu Protokoll. Erst am folgenden Tag wurde Fahlenberg in seiner Festigkeit erschüttert, als sein Mitgefangener, der Oberst Kantschejalow, den Besuch der Brüder Rajewskij erhielt, die eben aus der Haft entlassen worden waren. Es zeigte sich, daß sie entfernte Verwandte Nastassjas waren; im Augenblick ihrer Verhaftung hatten sie das Geständnis abgelegt, daß sie Mitglieder der geheimen Gesellschaft gewesen seien, und auf dieses Geständnis hin wurden sie frei. Vergeblich bemühten sie sich, ihren Freund Kantschejalow zu einer ähnlichen Aussage zu bewegen; dieser hatte die ganze Hoffnung seines Lebens auf das Gelingen der Verschwörung gesetzt; nach dem Scheitern seiner Pläne schienen ihm Welt und Dasein ohne Wert; verschlossenen Gesichts, mit einer geheimen ingrimmigen Freude über die Mühe, die sich das Militärgericht seinetwegen noch machte, ergab er sich in sein Schicksal. Um so stärker wirkten die Worte der Brüder auf Fahlenberg; die Tatsache, daß sie frei geworden waren und eben sich anschickten, wieder hinaus in die offen vor ihnen liegende Welt zu gehen, überwog alle Bedenken. «Aber was habe ich nur zu gestehen?» fragte er plötzlich, sich an die Stirn greifend. «Das wissen wir nicht», sagte einer der Brüder erstaunt, «das müssen Sie wissen. Aber gestehen Sie alles; verschweigen Sie auch das Schwerste nicht. Das allein kann Sie retten.»

Nun erst dachte Fahlenberg darüber nach, daß der

Generaladjutant ihn nach dem Fürsten Bariatynsky gefragt hatte; diese Verbindung war offenbar aufgedeckt worden. Ohne sich länger zu besinnen, richtete er ein Gesuch an Lewaschew, in dem er bat, sofort verhört zu werden; er habe wichtige Erklärungen abzugeben. Noch wußte er nicht, was er sagen sollte; aber die Mahnung der Rajewskijs, daß gerade das Geständnis der schwersten Schuld zur Befreiung führen werde, schien ihm den richtigen Weg zu zeigen. Er bekannte dem Generaladjutanten seine Reue über die erste falsche Aussage, die er gemacht habe, um andere und sich selbst zu schonen; in der Tat sei er mit dem Fürsten Bariatynsky zusammengetroffen und Mitglied einer Gesellschaft geworden, die zunächst die Ideen des Westens ins Volk tragen und im stillen sich ausbreiten wollte, um, wenn sie stark genug sei, dem Zaren die Forderung nach einer Konstitution zu stellen. «Wenn aber der Zar diese Forderung abgelehnt hätte?» fragte Lewaschew. «Dies wäre nicht leicht geschehen. Wir wollten sie erst vorbringen, wenn der Zar unsere Macht hätte achten müssen.» – «Und wenn der Zar dennoch nicht darauf eingegangen wäre?» Fahlenberg kämpfte ein letztes Widerstreben nieder; er richtete seine ganze Kraft auf sein Ziel: «Dann wollte man vor dem Kaisermorde nicht zurückschrecken, ja, man wollte die ganze kaiserliche Familie vernichten.» Über Lewaschews strenges Gesicht lief ein Zucken; er schrieb Fahlenbergs Geständnis nieder und legte es ihm zur Unterschrift vor; dann ließ er ihn durch einen Feldjäger abführen.

Fahlenberg wartete, und nun fiel auf den Einsamen die Wucht seiner Aussage zurück. Er hatte alles gewagt; vor allem aber: er hatte Absichten, die ihm erst in den Tagen vor seiner Verhaftung durch Gerüchte zugetragen worden waren, als Wahrheit genommen und ohne Schonung für sich und andere verwendet, getrieben von dem Opfermute und der Eigensucht seiner Liebe, von einer Hoffnung, die mehr und mehr in Gefahr war, als Wahnwitz zu erscheinen, je länger die Stunden währten. Er war so töricht gewesen, eine unmittelbare Wirkung seines Geständnisses zu erwarten, wie sie den Brüdern Rajewskij beschieden war; und er mußte sich nun sagen, daß jene mit der Wahrheit begonnen hatten, während er die erste Lüge durch eine zweite verdrängte. Mußte die letzte Aussage den Gang des Prozesses nicht erschweren, der vielleicht schon eine günstige Wendung genommen hatte? Schon rückte der Tag heran, da der letzte der für Nastassja bestimmten Briefe ihr übergeben werden sollte: er berichtete vom Heimwege und von der Freude der Rückkehr; die Worte tönten wie Spott in seinen Ohren; auch sie waren Lüge um der Liebe willen. Und schon fühlte er die furchtbare Frage heraufkommen, wie es wohl mit einer Liebe bestellt sein möge, die auf solche Weise in Lügen verstricke? Aber vielleicht war dieser Brief das letzte Zeichen seiner Hand, das sie erreichen sollte, und sie las ihn in ihren letzten Stunden.

Als der Feldjäger wieder vor ihm stand, war seine kühnste Hoffnung schon gebrochen; ohne Erschrecken hörte er, daß er von der Eremitage in die Festung gebracht werden sollte. Dort wurde er als Verbrecher behandelt; der Platzmajor und der Unteroffizier untersuchten ihn streng; sie legten ihm erniedrigende Kleidung an und überließen ihn seiner Not und Unruhe, ohne seine Fragen beachtet zu haben. Nun lernte er auf die schweren unwilligen Schritte der Wächter lauschen, das Knarren der näheren oder ferneren Schlösser und das Rasseln der Schlüssel deuten, diese letzte dumpfe Sprache der Außenwelt, von der er eine Erhellung seines Schicksals erhoffte; mit verzweifelter Kraft wandten sich seine Gedanken heimwärts, der Kranken zu, von der er einmal zu spüren glaubte, daß sie namenlos litt; dann aber empfing er keine Erwiderung, so daß er mit furchtbarem Schreck inmitten der Nacht auffuhr und die Gewißheit zu haben glaubte, sie sei tot. Wieder gingen Tage hin; endlich führte ihn sein Wächter, nachdem er ihm die Augen verbunden, durch lange Gänge in einen Raum, wo es merkwürdig still war. Man nahm ihm die Binde ab; er sah in einem Saale eine lange, mit rotem Tuch bedeckte Tafel stehen, der zu beiden Seiten Stühle folgten; zwei Reihen brennender Kerzen standen auf der Tafel. Alle Stühle waren leer mit Ausnahme eines einzigen, auf dem der Generaladjutant saß. «Sie haben ein Geständnis abgelegt, nachdem Sie erst leugneten, einer geheimen Gesellschaft anzugehören», begann Lewaschew mit kalter Stimme. «Aber dieses Geständnis genügt uns nicht. Sie werden uns nicht zumuten zu glauben, daß Sie unter den Verschwörern niemand kannten außer dem Fürsten Bariatynsky.» Fahlenberg fühlte, wie der Boden seiner Lügen wankte; Namen drängten sich auf seine Lippen, doch brachte er die Kraft auf, sie zu verschweigen. «Somit ist Ihr Geständnis ohne Wert», sagte Lewaschew nach einer langen qualvollen Pause. Auf einen Wink, den er dem Feldjäger gab, wurde der Fürst Bariatynsky hereingeführt. Er trug dieselbe Kleidung eines niederen Sträflings wie der Oberstleutnant; seine Haltung war fest; Hohn und heftige Willensanspannung hatten seine Züge wie im Krampfe zusammengeschlossen. Fahlenberg, der in langen Nächten die bittersten Vorwürfe gegen den Fürsten erhoben hatte, fühlte sich keines Wortes mächtig. «Ihr Gefolgsmann», sagte Lewaschew zu dem Fürsten, «hat bekannt, es sei der Entschluß der Verschwörer gewesen, sofern es ihnen nötig erschienen wäre, den Zaren und die kaiserliche Familie zu töten.» Bariatynsky zuckte leicht zusammen: «Wie kann der Oberstleutnant wissen, was ich für mich beschlossen habe? Ja, ich wäre bereit gewesen, den Zaren zu töten. Der Oberstleutnant gewiß nicht.» Fahlenberg zwang sich zu einer Entgegnung: «Aber es wurde unter den Verschwörern besprochen ... » – «Waren Sie dabei? Woher wissen Sie das? Sie sind wahnsinnig. Mich können Sie nicht mehr verderben. Mein Schicksal ist besiegelt. So schweigen Sie doch.» Der Oberstleutnant senkte den

Kopf, von brennender Scham übergossen; so ließ er sich abführen, während Lewaschew mit den Achseln zuckte und dann die Aussage des Fürsten, der bleichen Gesichts, doch ruhig vor ihm stand, zu Protokoll nahm.

Wahrheit und Lüge drohten sich in Fahlenbergs Vorstellungen zu verwirren, als er wieder allein war. Er bereute bitter, daß er seine erste Aussage in der Eremitage zu leicht genommen und seine Schuld auf eine unglaubwürdige Weise bestritten hatte; nur das Bekenntnis der reinen Wahrheit, meinte er, könne ihn noch befreien, sofern überhaupt eine Hoffnung auf Rettung war. So schrieb er einen ausführlichen Brief an den Generaladjutanten, in dem er die ganze Geschichte seines Irrtums darlegte, wie er zwar durch die dem Fürsten gegebene Versicherung der Gesellschaft beigetreten sei, ihre Absicht aber nicht gekannt habe, und wie er sich durch die Brüder Rajewskij, deren Fall ein ganz anderer gewesen, zu einem lügenhaften Bekenntnis veranlassen ließ, das ihn zu immer neuen Bekenntnissen nicht begangener Schuld bestimmte. Das Verhalten des Fürsten Bariatynsky in ihrer Konfrontation mußte diese Erklärungen stützen. Sobald er diesen Brief weitergegeben hatte, erkannte er die Notwendigkeit eines zweiten; denn nun ertrug er es nicht mehr, daß Nastassja, sofern sie noch lebte, von dem Lügengewebe falschen Trostes umsponnen war, das täglich dünner werden mußte. Er erzählte ihr alles, was in den letzten Wochen geschehen war; am Schlusse bat er sie, ihm zu verzeihen, weil er ihr das Gelöbnis, ihr unbedingt anzugehören, gemacht hatte, während er doch durch ein älteres Gelöbnis schon an den Fürsten gebunden war. Nachdem er dem Feldjäger diesen Brief anvertraut hatte, fühlte er sich erleichtert: aber schon am folgenden Tage wurde ihm der für Lewaschew bestimmte Brief zwar geöffnet, aber ohne Bemerkung zurückgegeben, und dann erhielt er auch den Brief an Nastassja zurück: es sei den Gefangenen nur erlaubt, ein kurzes Lebenszeichen zu geben.

Erst jetzt rissen alle Hoffnungen und Erwartungen ab, die ihn mit der Außenwelt verbunden hatten. Die Ereignisse draußen liefen in der falschen Richtung weiter, die er ihnen gegeben; die Frau, an der sein ganzes Herz hing, lebte in dem von ihm bereiteten Trug; die Richter, die über sein Los entscheiden sollten, kannten die Geschichte seines Innern nicht; er war vollkommen allein. Und nun erst richtete der Gefangene seine Gedanken auf sich selbst; er sah die unwürdige Rolle, die er in den Verhandlungen gespielt, so nah dem Tode, und litt furchtbar unter dem Gedanken, unter der Last der Lüge aus der Welt gehen zu müssen. Denn daß er um seiner Liebe willen log, schien ihm doch nicht den Flecken von seiner Seele zu nehmen; er meinte, seine Liebe hätte so stark, so innig sein müssen, daß sie auch die Wahrheit tragbar gemacht hätte. War das Gebet nicht die stärkste Kraft der Liebe? In der Unruhe seiner Sorge hatte er nie daran gedacht. Da hörte er aus einer Ferne, die er sich nicht erklären konnte, deutlich eine Stimme sprechen: «Die erste Nacht des Lebens.» Ein Licht schien ihm auszugehen von dem verborgenen Sinn dieser Worte; und er glaubte diesem Sinn schon näher zu sein, als er in der folgenden Nacht eine Beziehung zwischen den Seelen sich liebender Menschen ahnte, die von der Not der Krankheit und der Schicksale nicht mehr gestört wird. Aber wie konnte er beten, wenn er nicht wahrhaftig war vor Gott; und was war all die Liebe wert, die nicht beten konnte im Geist der Wahrhaftigkeit und im Vertrauen auf sie? Da sprach ihn die Stimme wieder an: «Die zweite Nacht des Lebens.» Mächtig ergriff ihn der Gedanke, daß nur die Wahrheit den Weg bauen könne durch die Welt und daß sie, wie sehr ihr die Welt entgegen war, diese doch einmal durchdringen müsse, weil vor Gottes Macht die irdische Macht wie Rauch sich auflöst. Auch die dritte Nacht zählte ihm die Stimme; in der folgenden aber kündigte sie ihm mit furchtbarer

Bestimmtheit «die vierte und letzte Nacht des Lebens» an.

Am Morgen wurde er, wieder mit verbundenen Augen, in den Saal geführt. Alle Stühle waren besetzt, und die Kerzen brannten wie zuvor. Vor der Tafel standen die Verschwörer; einige hatte Fahlenberg da und dort im Dienst gesehen; mit keinem hatte er über die geheimen Absichten des Bundes gesprochen. Sie standen dicht nebeneinander in einer stummen Gruppe, als wollten sie sich helfen, das Schicksal zu tragen. Nun erhob sich Lewaschew und verlas die Urteile; die Todesurteile schlugen gleichsam lautlos in die Gruppe ein; es blieb verborgen, was in den Seelen der Getroffenen geschah. Fahlenberg war unter denen, die zur Verbannung in Sibirien begnadigt wurden. Alle sollten am folgenden Tage bei der Vollziehung der Todesurteile gegenwärtig sein; gleich darauf sollten die Begnadigten nach Sibirien geführt werden. Gegen Morgen dieses letzten Tages erschien der Geistliche in Fahlenbergs Zelle. Der Gefangene verlangte nach der Beichte und dem Sakrament. Als er das Bekenntnis seiner Schuld und Schuldlosigkeit abgelegt hatte, fragte ihn der Geistliche erstaunt: «Ist dies Wahrheit?» – «Sie allein können und müssen mir glauben», antwortete Fahlenberg, «und auch erst in diesem Augenblick. Ich glaube an den Herrn, der die Wahrheit ist, und bin bereit, seinen Leib zu empfangen.»

Nach einigen Jahren wurde es dem Verbannten, vielleicht auf die Fürsprache des Geistlichen, erlaubt, seine Gattin nach Sibirien kommen zu lassen. Sie lebten im Gouvernement Tobolsk, in einer von der Hauptstadt des Gouvernements weit entfernten Stadt, deren Holzhäuser sich um wenige dürftige Steinbauten scharten. Wenn sie von den Ereignissen sprachen, die sie hierher geführt hatten, erneuerte Fahlenberg meist den Vorwurf, den er sich in jenen vier Nächten gemacht: «Hätte ich bedacht, daß ich dem Herrn verpflichtet bin, so hätte ich mich den Menschen nicht noch einmal verpflichten können.»

– «Wie kannst du das sagen, Lieber», antwortete Nastassja, deren Haar schon völlig weiß war, «ich habe dich gefragt, wie Menschen einander nicht fragen dürfen; denn damals liebten wir uns noch nicht. Hier haben wir die wahre Liebe erfahren.»

Vor dem Grauen

Eine Frau beim Anblick des betenden Benedikt Labre.
«O beato te, chi sa che cosa vedi?»

Anfangs der achtziger Jahre des achtzehnten Jahrhunderts hatte sich ein junger französischer Edelmann Rom als letzte Station seiner Bildungsreise erwählt. Er war hier an einen Abbé empfohlen worden, der gleich vielen seiner Standesgenossen unbeamtet, mit ein wenig Schriftstellerei beschäftigt, vor allem als gespannter Beobachter seiner wandlungssüchtigen, gärenden Zeit im Schutz der alten Mauern lebte. Der Abbé erwies sich als ein guter Kenner römischer Kunstschätze und Bauten, namentlich der kirchlichen; in einem seit langem müßigen, von merkwürdiger Unruhe verstörten Dasein schien er es als ein unverhofftes Glück zu empfinden, endlich einen Schüler zu haben. Während er sich als Fremdenführer unablässig verspottete, ließ er sich seine Gefälligkeit redliche Mühe kosten, und der junge Mann, der auf seiner Reise durch die Niederlande, Deutschland und die oberitalienischen Staaten mit immer wachsendem Anteil sich der Betrachtung der Kunstformen und ihrer Entwicklung gewidmet hatte – indessen politische und gesellschaftliche Zustände für ihn rasch an Anziehungskraft verloren –, glaubte nun erst, den Urbildern der Formen zu begegnen, denen er mit heimlich glühender Liebe auf ihren Wegen durch Völker und Länder nachgegangen war.

So nahm er die Belehrungen begierig auf, die immer in einem anspruchslosen Ton gegeben wurden; die Ironie, mit der der Abbé oft die Heiligenlegenden bedachte, die verborgene, aber schneidende Schärfe, mit der er, fast wie unter einem Zwange, das antike Rom gegen das christliche ausspielte, verletzten den Jüngeren offenbar nicht. Erst als dieser vor einem alten, ziemlich mißglückten Bilde den oft gehörten Spott auf den eigenen Lippen fühlte, schwieg er erschreckt; der Abbé sah ihn, halb umgewendet, mit seinen grauen Augen scharf an und nickte dann kurz und gewissermaßen nachsichtig. Der Jüngere mochte sich der noch so nahen Kindheit und Jugend auf dem einsamen Landsitz der Eltern und frommen Schwestern erinnern, von denen er zu Anfang ihrer Bekanntschaft so gerne erzählt hatte. So kam es zu keinen Unstimmigkeiten; die Dankbarkeit des Lernenden wurde vielmehr mit einem jeden Tage größer. Einmal freilich, in Santa Maria in Cosmedin, versäumte der Jüngling den Vortrag seines Begleiters über dem Anblicke eines Kindes, das scheu hereinkam, sich vor der Figur eines Heiligen auf die Zehen hob, um dessen Füße zu küssen, und dann aus dem Raume floh. Und ein andermal, bei der Betrachtung einer der kleinen Barockkirchen in der Gegend des Quirinal, die der Abbé der ungemein geistvollen Raumgestaltung wegen schätzte, ließ sich der Edelmann, den die Erörterung des verwickelten Grundrisses vielleicht nicht befriedigt hatte, auf die Knie nieder und verharrte eine Weile schweigend. Als sie heraustraten, lag Röte auf seinem Gesicht. «Ich glaube, man versteht eine Kirche nur, wenn man in ihr kniet», sagte er leise; es klang wie eine Entschuldigung, und da er nun aufsah, begegnete er einem fassungslosen Blick, in dem der letzte Spott vor einem grenzenlosen Erstaunen erlosch.

Auf einem Ausflug in die Campagna hatte sich der Abbé angesichts der in ferner Tiefe schimmernden Stadt in Phantasien über die großen, allumwälzenden Veränderungen ergangen, denen die Menschheit entgegeneile; so bogen sie erst zu später Stunde in die Via Appia. Als sie an San Sebastiano vorüberkamen, quoll Licht aus dem offenen Portal über den von hohen Mauern umhegten Platz; vielleicht war noch ein Pilgerzug herausgekommen. «Ich bin nie in dieser Kirche gewesen», sagte der Edelmann. «Es lohnt sich eigentlich nicht», erwiderte der Abbé, indem er halten ließ. «Sie finden einen Sebastian in der Art des Bernini; was man auch gegen diesen Künstler sagen mag, er hat doch sehr viel gekonnt, wenn er wollte; und merkwürdig bleibt, wie er bei seinen greuelvollen und absonderlichen Vorwürfen immer noch einen Schimmer reiner, vom Stoff unabhängiger Schönheit in seinen Gestalten bewahrte.» So traten sie ein; im Hintergrunde des Raumes drängten sich Menschen mit Lichtern in die Unterkirche hinab; der Vordergrund war fast leer und nur noch schwach erhellt.

Hier kniete unter einer Kerze ein Bettler, dessen abgezehrter Leib durch die zerfetzten Kleider schimmerte. Er hielt ein schweres Buch unter dem linken Arm; sein noch jugendliches, eingefallenes Gesicht war halb emporgewandt, die Augen waren wie im Traum halb geschlossen; Licht floß von der Stirn über die gleichsam durchscheinenden Lider und den schmalen spitzen Bart. Es lag etwas unfaßbar Edles in der Gestalt, das den Jüngeren mächtig anzog; mit keinem Blick suchte er das Kunstwerk, dessentwegen sie gekommen waren. Nun schien der Kniende die auf ihm ruhenden Augen zu spüren; ohne umzuschauen, noch immer wie im Traum begriffen, zog er das Buch hervor. Er beugte den linken Arm, legte es darauf und begann zu lesen. Aber er las nur wenige Worte; wie unter einem Zwang schloß er das Buch. Er hob das Antlitz wieder, und als würde er von mächtigen Armen emporgehoben und gehalten, lehnte er sich zurück, während der Widerschein unergründlicher Freude sich über sein Antlitz breitete.

Länger wagte der Edelmann nicht, den Bettler zu

betrachten; er verließ die Kirche und fand draußen in der Vorhalle den Abbé, der von einer tiefen Verstimmung befallen war. «Welch sonderbare Heilige gibt es noch immer in Rom!» stieß er hervor. Einsilbig ertrug er die Heimfahrt, ohne die Kirche oder das versäumte Bildwerk zu erwähnen. Den Jüngeren verließ das in San Sebastiano geschaute Bild nicht; wenn er auf dem Wege zum Abbé war oder sich von ihm getrennt hatte, betrat er die Kirchen in der Hoffnung, jenen nächtlichen Beter wiederzufinden. Zum ersten Mal war er wieder allein in den geweihten Räumen; er fühlte, wie die Betrachtungen und Forschungen, die er in der letzten Zeit angestellt hatte, die Art zu sehen und zu beurteilen, die er sich angewöhnt hatte, seine Andacht störten, und suchte, sich diese zurückzugewinnen. Aber oft ging er entmutigt die Stufen hinab; und er war froh, wenn sein Weg ihn in ein Gotteshaus führte, das ihm neu war und das nichts Merkwürdiges bot. Hier fühlte er sich dem näherkommen, was er einstmals empfunden hatte, und er sah dann mit dem inneren Auge auch das stille, beseligte und rätselhaft-schmerzvolle Gesicht des Bettlers und seine zurückgelehnte, scheinbar schwerelose Gestalt. Einmal ließ er sich nachts nach San Sebastiano hinausfahren, aber vergeblich; kein Schimmer erhellte den Raum, in dem er nicht zu verweilen wagte.

Eines Morgens trafen sie den Bettler wieder, in der Nähe des Kolosseums. Er kam müde und unsicheren Schrittes über den weiten Platz, als kehre er von einem langen Wege zurück; sein Gesicht war fahl. Plötzlich, als er in einen Schattenstreifen trat, sah er auf; er schien den Abbé zu erkennen und grüßte ihn ehrerbietig. Dieser, dem der Gruß offenbar unerwünscht kam, erwiderte ihn kaum. «Sie kennen ihn?» fragte der Jüngere erstaunt. «Wer kennt ihn nicht! Ganz Rom kennt ihn. Die Gassenjungen, die heute Steine nach ihm werfen, bis er blutet, und ihn morgen reumütig um seinen Segen bitten. Die Bäcker, vor deren Türen er stundenlang steht, bis sie ihm ein Stück Brot reichen oder ihn weiterjagen; für beides pflegt er zu danken. Die alten Weiber, die immer einen Menschen brauchen, den sie anbeten können! Nein», sagte er, stehenbleibend und sich zu einem Lächeln zwingend, «wir werden nie Philosophen werden, wenn wir uns darüber entrüsten wollen, daß das Volk abergläubisch bleibt. Es wird noch Wunder erwarten, wenn auch die letzte fromme Lüge unserer Voreltern entschleiert ist. Nein, das sollte unsere Sorge nicht sein. Aber ...» Der Jüngere war neben ihm stehengeblieben und folgte dem Bettler mit den Augen. Dieser hatte, immer mühsameren Schrittes, das ungeheuere Gebäude erreicht; in einem der unteren, in tiefem Schatten liegenden Gewölbe ließ er sich auf ein Strohbündel fallen, auf dem er reglos liegen blieb. «Das ist das Empörende», fuhr der Abbé fort, «daß es in unserm Jahrhundert noch Menschen gibt, die das menschliche Geschlecht durch ihr ganzes Leben und Dasein unter das Tier erniedrigen. Dieser Mensch schläft hier auf verfaultem Stroh, oder er kriecht morgens unter der Treppe eines Palastes wie ein Hund hervor. Er lebt von Abfällen. Wenn man ihm Geld reicht, nimmt er so viel an, wie er braucht, um ein Stück Brot zu kaufen; das übrige gibt er zurück, oder er teilt es an Bettler aus wie ein großer Herr. Er will ja ein Bettler sein; er will ja im Schmutz leben und damit noch Aufsehen erregen. Ein solches Dasein ist ein Ärgernis. Aber freilich, hier in Rom läßt man ihn gewähren. Hier, wo so vieles brüchig ist, so vieles endlich seinem Ende entgegenstürzt, hier sieht man ein solches Dasein mit an. So will man hier den Menschen; so hat man ihn immer gewollt.» – «Ich verdanke Ihnen so viel», sagte der Jüngere, während sie durch die wechselnden Schatten und Lichter einer engen Straße gingen, «daß es mir sehr unziemlich scheint, Ihnen zu widersprechen. Aber ich muß Ihnen doch sagen, ich finde nichts Niedriges auf diesem Gesicht. Ich finde etwas sehr Hohes, sehr Edles, etwas ganz Unbegreifliches darin. Wenn es einen Adel der Seele gibt, der das ganze Wesen eines Menschen durchleuchtet, so ist er diesem Bettler eigen. Haben Sie nicht bemerkt, in welchem reinen Weiß seine Haut schimmert unter seinen Lumpen? Werfen Sie einen Diamanten in den Straßenstaub, er wird doch bleiben, was er ist. So ist dieser Bettler; was immer Sie von der Würde des Menschen denken mögen, ich glaube nicht, daß eine höhere Würde erreichbar ist, als sie dieser Mann besitzt.»

Der Abbé hatte sich zur Selbstbeherrschung durchgerungen. «Hier haben wir ein Beispiel», sagte er heiter, «für die Art, wie Legenden entstehen. Vielleicht tun wir unsern Vorfahren unrecht; so sehr viel weiter sind wir nicht. Wenigstens sollte es uns nicht so schwerfallen, ihre Irrtümer zu begreifen. Denn auch Sie, der Sie die Segnungen einer philosophischen Bildung erfahren haben, lassen sich von irgendeinem Gefühl, einer mitleidigen Regung Ihres Herzens, vielleicht gar vom Geschwätz des Volkes leiten. Auch Sie scheinen zu glauben, daß dieser Bettler, wie sich die frommen Kirchgängerinnen zuraunen, ein Graf oder ein Prinz sei, der Buße tue für eine furchtbare Schuld. Ich will Ihnen sagen, wer er ist: Er heißt Benedikt Joseph Labre und ist der Sohn eines Krämers in Amiettes. Ein Verwandter, der als Pfarrer ein Vergnügen daran fand, all seine Möbel wegzuschenken und sich ein Loch in den Boden seiner Hütte zu wühlen, um doch wenigstens in der eigenen Stube irgendwo sitzen zu können, hat den Jungen verrückt gemacht. Die Eltern wollten, daß er Priester werde; aber dazu taugte sein armer Kopf nicht. So wollte er ins Kloster; auch dazu reichte es nicht. Er wanderte von einem Tor zum andern; nirgends konnte man ihn brauchen. Entweder konnte er das Wenige nicht begreifen, das ihm die Mönche beibringen wollten – viel kann es doch wahrhaftig nicht gewesen sein –, oder er wurde immer wieder krank. So schob man ihn weiter, und es kann wohl sein, daß er über all den Fehlschlägen zum Narren wurde und sich vormachte: Gott wolle es so. Denn unter einem solchen Glauben hält auch die tollste Narrheit für ein Menschenleben vor. Mit diesem Glauben kam er durch fremde Länder; er ist viel gewandert. Aber in Rom witterte er doch seinen Boden; und wenn die Zeiten so blieben, wie sie sind, wenn der große Wetterumschlag nicht in der Luft läge – das spüren ja solche arme Narren nicht –, so hätte er nicht so unrecht. Hier könnte er es noch weit bringen, wenn er nur Zeit hätte; hier könnte er gar noch zum Heiligen werden.» – «Ich wundere mich», antwortete der Jüngere ruhig, «daß Sie so gut über ihn unterrichtet sind.» – «Verstehen Sie denn das nicht?» fragte der Abbé erregt. «Weil er ein Ärgernis ist. Weil er auf seine einfältige Weise allem Hohn spricht, was unsere hellsten Geister errungen haben; weil in ihm noch immer die elende Finsternis steckt, deren Stunde um ist.» – «Ich achte Ihre Erwartungen», antwortete der Jüngere; «auch ich hoffe, daß eine bessere Zeit für die Menschen kommt, in der sich ihre Natur schöner und freier entfaltet. Ich kann den großen Geistern, deren Gedanken diese Zeit erfüllen, wahrlich nicht entgegentreten. Ich bewundere sie, wie Sie es tun. Aber haben Sie mich nicht gerade dadurch so reich beschenkt und für mein ganzes Leben verpflichtet, daß Sie die Kunstwerke und Bauten der Stadt mit solcher Liebe, mit solcher Kenntnis mir erschlossen haben? Und glauben Sie nicht, daß so manche Kirche, die Sie schätzen, so manches Bild, das Sie lieben, zu Ehren eines Mannes geschaffen wurde, der kaum anders in seiner Umwelt erschien als der Bettler vom Kolosseum?» – «Ich verstehe Sie nicht», erwiderte der Abbé schmerzlich erregt. «Ich begrüßte Sie mit dieser Freude in Rom, eben weil Sie so jung sind; ich meinte, die Jugend müßte doch weitergehen auf dem Wege, den wir eingeschlagen haben. Und nun gehen Sie zurück; nun streben Sie genau zu der Stelle, die wir verlassen haben.» – «Vielleicht ist es nicht dieselbe Stelle», sagte der Edelmann in fast werbendem Ton.

«Aber wir sind doch einig, wir lieben doch dasselbe: die Kunst. Und die Kunst hat eine Mitte. Wie sollte ich Ihnen das sagen, der Sie geistliches Gewand tragen! Als ich den Bettler sah in San Sebastiano, fühlte ich das plötzlich; ich hätte es ja nie vergessen dürfen.» – «Was meinen Sie mit dieser Mitte der Kunst?» fragte der Ältere mit bebender Stimme. Sie waren an einen Brunnen gekommen; der Jüngere stützte sich auf das Becken. Seine Antwort war kaum hörbar im Rauschen des Wassers: «Das Heilige.» Staunen, dann heftiger Unwille drückten sich auf den Zügen des andern aus. «Aber Sie sind doch durch all diese Kirchen gewandert; Sie haben sie erforscht, gemessen, verglichen. Wie können Sie das nicht gespürt haben!» – «Nein», sagte der Abbé mit feindlicher Kühle, indem er in den Weg zu seiner Wohnung einbog, «Sie vermengen, was nicht zusammengehört. Den Geist der großen Künstler wollte ich Sie spüren lassen, der unter seinen strengen Gesetzen steht. Diesen Geist habe ich erforscht. Aber es ist mir nicht gelungen, ihn Ihnen zu vermitteln.» Damit ging er rasch die Straße hinab.

Wenige Tage darauf hatte der Edelmann das Glück, den Bettler in San Ignacio zu finden. Dieser kniete, das geschlossene Buch haltend, in der schon wahrgenommenen, fast schwebenden Stellung in einer Seitennische; der Küster, der neben ihm den Boden kehrte, schien sich so wenig um ihn zu kümmern wie um eine der Heiligenfiguren auf den Altären. Es war Nachmittag; das durch das Portal strömende Sonnenlicht verdichtete sich im Dämmer der Seitenkapellen und der Kuppel zu schimmernden Wolken, die sachte auf und niederstiegen, so daß der riesige, vielgestaltige Raum über dem Knienden von heimlichem Leben bewegt war. Der Jüngling setzte sich draußen auf die Stufen angesichts des vielgeschwungenen Platzes, auf den von allen Seiten Straßen und Gassen einmündeten, als sollten sich hier Wanderer aus den verschiedensten Himmelsrichtungen begegnen; er nahm sich vor, zu warten. Seit seine Gespräche mit dem Abbé mit höflicher Sorgfalt alles Persönliche und Tiefere mieden, fühlte er sich vereinsamt; oft strebten seine Gedanken in die Heimat zurück, aus der ihm in gewohnten Abständen immer dieselben einfachen Nachrichten gekommen waren. Wie selten auch Reisende ein Haus, einen Menschenkreis so wieder finden können, wie sie ihn verlassen haben, so wußte er doch, er würde eines Tages die eigenwilligen spitzen Türmchen hinter den Laubkronen auftauchen sehen und dann, während er unter den Bäumen dahinfuhr, die zitternden Spiegellichter des Burggrabens wahrnehmen in den Zweigen, und der vertraute Gang des Lebens in dem alten Hause würde durch seine Ankunft nicht um eine Stunde verschoben, er würde nur um vieles bewegter werden, als er während der langen Zeit der Reise gewesen war. Vor ihm spielten die Kinder auf dem Platz, sich in einem der vielen Ausgänge versteckend, durch einen andern sich überraschend; nun hörte er, wie die schwere Kirchentür sich hinter ihm drehte, und gleich darauf vernahm er einen müden, tastenden Schritt.

Er stand auf: «Ich habe auf Sie gewartet. Wollen Sie sich nicht ein wenig neben mich setzen?» Der Angeredete strich sich über die Augen, als schmerze ihn das Licht, obwohl doch die Sonne nur noch die letzte Fensterreihe der ockergelben Häuser erreichte. «Sie sprechen meine Sprache», antwortete er; «ich habe es schon gehört, als Sie mit dem Abbé an mir vorübergingen; ich treffe nur noch selten Landsleute.» Er ging den Stufen zu, indem er sich an die Kirchenwand stützte, und ließ sich nahe der Mauer nieder; der Edelmann setzte sich neben ihn. «Sie sagen, daß Sie mich gesucht haben», begann der Bettler; «vielleicht habe auch ich Sie gesucht in meinen Gedanken. Ich würde so gerne noch einmal nach Frankreich wandern; ich müßte es wohl, aber wahrscheinlich ist es schon zu spät. Sie müssen wissen, ich kenne die Straßen dort gut; ich bin sie auf und ab gegangen. Und wenn man an den Häusern der Menschen vorübergeht, fühlt man wohl, was in den Häusern und was in den Menschen geschieht; man braucht nicht einzutreten. Ich bin auch durch Paris gewandert. Oh, die langen, langen Straßen! Und am Neujahrstag singen die Sänger draußen im Regen und dem kalten Nebel und versprechen das Glück für ein ganzes Jahr; aber der Ton will ihnen nicht mehr recht aus der Kehle, und mit dem Glück will es nicht mehr recht stimmen. Wenn man die Menschen ansieht, so erkennt man, daß sie nicht mehr glücklich werden können. Es fehlt etwas in ihren Gesichtern, in ihrem Lachen und in ihren Stimmen; es ist, als ob man nur das Blatt einer Geige sähe mit den aufgespannten Saiten, der Boden ist nicht mehr da, die Geige wird nicht mehr klingen. Darum bedrücken diese fröhlichen Gesichter so furchtbar das Herz. Ich habe viel Not und Elend gesehen in meinem Leben. Aber was die Menschen so nennen, das ist keine große Not. Vielleicht ist mein Vater ein leidlich wohlhabender Mann gewesen; ich weiß das nicht mehr. Es sind nicht so viele Jahre vergangen, seit ich mein Vaterhaus verließ, aber all diese Dinge sind mir entschwunden. Es sind mir viele Schleier über die Welt gefallen. Ich könnte auch die Namen der Städte nicht mehr nennen, die ich durchwandert habe; es werden sehr viele sein. Ich würde auch die Städte kaum wiedererkennen. Denn ich habe sie eigentlich nicht gesehen. Nur was ich dort gefühlt habe, könnte ich vielleicht noch sagen; an dem, was ich von den Menschen und ihren Seelen gespürt habe, könnte ich die Städte wohl noch unterscheiden. Ich bin durch Deutschland gewandert bis gegen Polen hin; ich bin auch in Spanien gewesen. Aber es gibt nichts Furchtbareres als Paris. Ja, das wollte ich sagen, daß die Not, von der die Menschen so viel reden, nichts Schlimmes ist. Ich habe immer das große Glück gehabt, ganz arm zu sein. Aber wenn ich vor den Palästen der Vornehmen stand oder diese Herren vorüberfahren sah, brannte sich mir ein Leid ins Herz, daß ich hätte weinen mögen.»

Der Jüngere hörte ihm mit wachsendem Schrecken zu, noch immer um Verständnis ringend. Vielleicht fühlte es der Bettler; er sah seinem Zuhörer mit einem langen Blick in die Augen, dann senkte er den Kopf wieder und fuhr im Ton eines Selbstgespräches fort, wie er begonnen hatte. «Vielleicht verstehen Sie mich nicht; aber es ist doch wohl richtig, daß ich Ihnen das sage. Vielleicht erinnern Sie sich später einmal daran, oder es geschehen Dinge, die meine Worte verständlich machen. Unsere Seele ist ja manchmal den Schicksalen voraus; darum sind wir so sehr allein und leben wie Verirrte in einem fremden Land. Ach, ich bin kein Prophet; ich weiß nicht, was kommt! Ich fühle nur, daß die Menschen nicht richtig leben; daß etwas unausdenkbar Furchtbares geschehen ist und noch jeden Tag und jede Stunde geschieht und daß dieses Furchtbare, das noch verborgen ist, einmal offenbar werden muß. Der König trägt die Krone, weil das Kreuz darauf steht; die Herren sind mächtig, weil sie ihm dienen, und viele andere haben wieder ihr Brot, weil sie den Herren dienen. Wenn nun das Kreuz nicht mehr verehrt wird, können diese Menschen alle nicht mehr leben.» Er schien nach Worten zu suchen, dann sagte er tonlos: «Die bittersten Schmerzen habe ich erlitten in den Kirchen.»

Benedikt Labre schwieg sehr lange; es kam wie ein Schluchzen von seinen Lippen, aber der Jüngere wagte nicht aufzusehen. «Es heißt», begann Labre wieder, «die Menschen hätten große Entdeckungen gemacht und Erkenntnisse erlangt, um die sie seit vielen Jahrhunderten gerungen haben. Ich habe die Bücher dieser Männer nicht gelesen; ich würde sie auch nicht verstehen. Seit langem hat mir Gott das Gedächtnis genommen; darum konnte ich auch nicht Priester werden, wie ich es mir wohl als eine große Gnade ersehnt habe. Es bedeutet sehr viel, für eine Schar Seelen in dieser und jener Welt verantwortlich zu sein. Meine Kraft reichte nicht dazu aus. Jene Bücher freilich, was sollten sie mir nützen?

Darauf kommt es doch an, was sich in den Seelen der Menschen verändert; und wer das nicht spürt, der weiß durchaus nichts von dem, was sich in seiner Zeit begibt. Und nun wollen die Menschen so leben, wie sie nicht werden leben können; und es gibt keine Lösung nach unserm Ermessen; nur ganz am Ende unseres Denkens – jenseits unseres Denkens, ich weiß nicht, ob Sie das verstehen, und ich kann mich auch nicht ausdrücken –, da stehen Bilder so ungeheuerer, so entsetzlicher Art, daß das Blut gefrieren möchte in meinem Herzen, und es vergeht kein Tag, an dem sie nicht näherrücken... Sehen Sie den Abbé; was für ein unglücklicher Mensch ist das!» – «Sie kennen ihn, Sie haben mit ihm gesprochen?» fragte der Jüngling erstaunt. «Vielleicht hat er alles verloren», fuhr der andere fort. «Aber von welchem Menschen dürfen und können wir das sagen? Doch erinnern Sie sich wohl des schrecklichen Wortes, daß, wer die Kräfte der künftigen Welt gekostet habe und dann abgefallen sei, nicht wieder zur Umkehr gebracht werden könne. Hat er diese Kräfte gekostet und das Gotteswort je empfangen? Er kommt sehr oft in die Kirchen. Er tut das, um sie auszumessen oder um zu sehen, was die Maler gemalt haben; ich weiß das nicht. Etwas zieht ihn noch immer da hin. Einmal hat er mich nach der Dreieinigkeit gefragt; es war eine solche Angst, eine solche Unruhe in seiner Stimme. Aber ich konnte ihm doch nichts sagen. Denn» – er zögerte lange und sprach dann noch leiser als sonst – «von dem Unbegreiflichen, das geschieht, wenn der Herr in seiner Güte sich meiner erbarmt und mich fortnimmt von mir selbst, kann ich doch nichts sagen; von allem andern weiß er sehr viel mehr als ich. Wenn ich nun seinem Schicksal nachzudenken versuche, so komme ich zu keinem Ziel. Und so geht es mir mit vielen Schicksalen. Das heißt, es ist wohl ein Ziel da; es läßt sich nur nicht erkennen, nicht bezeichnen.» Der Bettler faßte sachte den Arm des neben ihm Sitzenden: «Alle diese Schicksale laufen einer Wand entgegen, die undurchdringlich ist. Sie türmt sich immer höher vor uns auf. Hinter ihr bereitet sich etwas vor, das keinen Namen hat. Aber in dem, was sich vorbereitet, werden auch die Schicksale entschieden. Wie, das wissen wir nicht; aber es muß wohl kommen – soweit unser schwacher Verstand das Recht hat, von einem Müssen zu sprechen. Das Müssen ist ja nur Gottes Wille. Uns, die wir auf diese Wand blicken, bleibt nur die Angst. Aber sehen Sie: Wir müssen doch etwas tun! Wir müssen doch dem Herrn etwas anbieten für all den entsetzlichen Frevel, der um uns geschieht. Wir können doch nicht mit leeren Händen das Gericht erwarten. Wie ich Ihnen schon sagte, habe ich keine Bücher gelesen. Aus den Predigten frommer Männer habe ich von den Heiligen erfahren, die in den großen Notzeiten der Kirche und der Völker lebten. Als es am schlimmsten um Rom und die Kirche stand, erweckte Gott die heilige Birgitta von Schweden und rief sie hierher; er erweckte die heilige Katharina von Siena und die heilige Franziska Romana. Und ehe die große Spaltung geschah, warnte der heilige Franz von Paula die Menschen und die Könige durch sein Leben und sein Beispiel. Ein Dominikaner, der über dem Meer gewesen ist, erzählte von der heiligen Rosa von Lima; inmitten der Greuel, die dort in dem fernen Lande die Spanier verübten, riß die Heilige alles Leiden an sich, das sie nur zu leiden vermochte. Nun ist das erste, was einem Heiligen begegnet, immer die Liebe Gottes; der Herr zieht ihn zu sich empor, und dann möchte der Widersacher dem Herrn in den Arm fallen. Daß Gott, der Herr, und der Böse nach demselben Menschen greifen, ist ja vielleicht das Geheimnis der Heiligen gewesen. Aber das ist sehr hoch und fern und für uns fast immer unerreichlich; nah ist nur das andere: das Leiden dieser hohen Menschen in der ihnen vom Herrn zugemessenen Zeit. Sie haben den Mangel an Liebe gespürt und haben dafür einen Überfluß angeboten; und wenn wir hören, wie unmenschlich hart die heilige Rosa und der heilige Franz von Paula gegen sich selbst gewesen sind, so müssen wir bedenken, wie arm ihre Umwelt an echter Liebe war und daß vielleicht diese wenigen durch die Wärme, die von ihnen ausging, das Leben der Menschen und die Barmherzigkeit Gottes erhalten haben. Vielleicht ist diese Zeit, in der wir leben, schlimmer als die vorausgegangenen Zeiten; vielleicht ist sie viel ärmer an Liebe und Ergebung und an Geduld. Alle Menschen wollen sich auflehnen; aber was besteht, ist doch von Gott gesetzt, daß wir uns daran bewähren. Auflehnen sollen wir uns nicht; wir sollen uns opfern und Treue halten. Wer opfert sich heute? Wer opfert sich für einen Menschen wie den Abbé? Er ist so furchtbar arm. Einmal hat er mich sehr gescholten, weil ich unter einer Treppe schlief. Ich liege dort sehr gerne, wenn ich mich einmal ausruhen will. Denn man sieht von diesem Platz ein schönes Madonnenbild an der gegenüberliegenden Hauswand. Der Abbé hat es wohl nie gesehen. Zuweilen öffnet ein Mädchen das Fenster neben dem Bild und stellt eine brennende Kerze darunter auf. Sie tut es nicht für Menschenaugen. Nicht das Schreckliche, das sich vielleicht ankündigt, ist zu fürchten; wir könnten es zuversichtlich erwarten als die letzte Probe auf unser Leben – wenn wir nur auf diese Probe vorbereitet wären. Was geschieht, ist ja fast gleichgültig, und das Entsetzen sollte uns nicht über alle Straßen treiben, wenn nur die Seelen nicht in dieser Gefahr wären. Denn das Kreuz kommt, und wir sollen es annehmen; es kommt von allen Seiten auf uns zu, und es ist also eine Zeit der Gnade. Aber was sollen wir tun, wenn im innersten Herzen der Menschen nicht eine Sehnsucht erwacht und sie aufblicken läßt nach dem heiligen Bild, unter dem sie Tag für Tag und Stunde für Stunde vorübergehen? Dieses letzte, was den Blick des Menschen wendet, kann nicht von Menschen ausgehen. Und doch ist dies das wichtigste. Denn wohin die Augen gerichtet sind, dahin werden auch die Wege führen. Und wenn wir nichts tun, wie können wir das Wichtigste erwarten? Das ist das Furchtbare, daß wir nichts tun.» Er neigte die Stirn auf seine Arme. Es war fast völlig dunkel geworden.

Im Licht, das aus einem gegenüberliegenden Fenster fiel, sah der Jüngere ein derbes Holzkreuz auf der bloßen Brust des Bettlers. «Wie können Sie sagen, daß Sie nichts tun», begann er leise, «Sie, der Sie sich opfern, während wir nicht einmal ahnen, was Sie bewegt.» – «Nein», wehrte Benedikt Labre ab, «so ist es nicht; ich wollte es tun, aber es ist ganz anders gekommen. Ich muß es Ihnen schon gesagt haben: die Liebe, die hinaufzieht, ist das erste; in meiner Jugend hörte ich von dem ernsten Leben der Mönche in La Trappe. Es schien mir so wunderbar, in einer solchen schweigenden Gemeinschaft zu leben; man wollte es mir nicht erlauben, dann wollte man es doch zulassen, und ich bereitete mich lange darauf vor. Ich kam nicht nach La Trappe, doch in ein anderes Kloster des Ordens; dort wurde ich krank. Als ich genesend erwachte, fand ich mich in heißem Schmerz außerhalb der Mauern in einem Spital; der Prior hatte mir ins Herz geblickt und erkannt, daß ich nicht für den Orden erwählt war. Ich wäre so gern nicht ganz allein gewesen; ich hätte so gern gewußt, daß mein Gebet von andern, stärkeren Gebeten mit emporgetragen würde. Aber nun lernte ich, daß ich ganz allein versuchen sollte, mich zu reinigen und mein Leben zu heiligen nach dem Vorbild des Herrn. Das war mein Weg, das sollte er sein; ich sollte in der Welt leben, mitten unter den Menschen, und in der Welt mich opfern. Nun fühlte ich die Gnade; ich wußte, wie ich dem Reiche des Herrn dienen konnte in der Zeit. Und dann trieb es mich, an allen den Orten zu beten, über die sich das Grauen einmal ausbreiten wird. Zuweilen wurde mir das Herz erleuchtet, und ich fühlte dann, was zu irgendeiner Zeit den Menschen begegnen mag, die an mir vorübergingen. Und ich betete für sie; ich fragte den Herrn, ob er ein Opfer von mir annehmen wollte für diese Menschen. So bin ich gewandert und habe mit dem Grauen gerungen auf meinem Wege. Ich betete auch für die Kirchen und für die Städte; oft schien mir das Unheil sehr nahe. Aber bald ist es für mich ganz anders gekommen. Denn der Herr in seiner unergründlichen Liebe hat mich mit Gnaden überhäuft; sobald ich zu beten anfing, hat er mich emporgehoben in sein undurchdringliches Licht; und kaum hatte ich ein Leiden auf mich genommen, so streifte er es mir wieder ab und überschüttete mich mit Freude. So ist mein Leben zur großen Freude geworden. Je mehr ich leiden wollte, um so mehr Gnade kam auf mich herab; der Herr nahm mir die Worte von den Lippen, und das Licht stürzte in solcher Fülle auf mich zu, daß ich es nur noch erdulden konnte.» Diese letzten Worte flüsterte der Bettler nur; es schien dem Jüngeren, als leuchteten die Stirn und die eingesunkenen fiebrigen Wangen, so wie er sie in San Sebastiano unter dem Kerzenlicht hatte leuchten gesehen.

«Was sind gegen solche Stunden der Beglückung die Stunden der Seelennacht?» fragte Benedikt Labre. «Und selbst wenn die Stunden der Nacht viel länger dauerten, viel häufiger wiederkehrten, was wiegen sie gegen einen Augenblick des Lichtes? Kaum daß ich der Erde noch meinen Zoll an kleinem Jammer bringe; daß ich im Winter einmal aufwache unter der Treppe und nur die Kälte des Morgens fühle und das heilige Bild nicht sehe über meinem Kopf; daß mir der Hunger der Menschen und der Jammer der Tiere ins Herz schneidet, statt daß ich das Leiden der Seelen fühle und den Herrn bitte, mir ein Teilchen anzuvertrauen. Mein Leben hätte ein Opfer werden sollen, und es ist das nicht geworden; das Licht war zu mächtig. Und in allen Ängsten dieser Zeiten ist ein unaussprechliches Heil. Der Weg endet ja nicht, wo wir meinen; der Herr führt uns durch die Wand hindurch, und am wahren Ende des Weges ist alles gut.»

Er sah lange in die dunkle Gasse hinaus, die sich vor ihnen öffnete; dann war es, als ob er aus weiter Ferne zurückkehre. «Ich weiß nicht, warum ich Ihnen das alles sage; es hat kaum etwas zu tun mit dem, was ich eigentlich sagen möchte. Denn das Reich des Lichtes ist der eine Teil der Welt, und er scheint oft ganz losgelöst zu sein von dem Teil, in dem wir leben. Ich habe einmal über einem Wolkenkranz die Schneegipfel im Licht gesehen, während es zu ihren Füßen stürmte und dunkelte. Dort oben hat alles Bestand; hier unten sind nur die Funken in der Brust unverlöschlich. Und damit fängt meine große Sorge an. Denn sehen Sie, hier kann ich doch noch mein Scherflein bringen. Und es ist auch die Bereitschaft in mir; ich würde gerne mehr leiden, wenn der Herr es zuließe. Wie, wenn er mich nun fortnähme – und wenn er mich gar seines Reiches würdigte –, dann könnte ich mich ja nicht mehr opfern, dann würde dieses armselige Gewichtlein auf der Waagschale fehlen. Darum möchte ich wohl bitten, daß der Herr mich nicht zu sich nimmt in seiner Liebe, daß er mich noch dauern läßt. Und wenn er mich nun doch fortriefe – wäre das nicht ein Zeichen, daß er kein Opfer mehr annimmt, daß er richten will?» Er hatte stockend, mit steigender Angst gesprochen; nun schüttelte er heftig den Kopf: «Nein, nein, das kann nicht sein! Was bin ich denn? Er hat tausend und abertausend Verborgene, die weit mehr sind als ich. Um ihretwillen wird alles gut. Aber ich bin so allein, und darum erschrecke ich oft vor meinem Leben. Es ist hier eine Kirche im Armenviertel, die ich besonders liebe. Als ich sie vor kurzem verlassen wollte, hielt es mich zur Seite des Altars an einer bestimmten Stelle fest. Ich spürte: hier wird man dich begraben. Und wenn ich nun recht gefühlt hätte und ich hätte den Opferbrand, mit dem der Herr mich begnadete, nicht in ein Herz geworfen, das ihn bewahrt, wie schwer würde das Ende sein! Denn freilich pflanzt sich Gottes Reich unsichtbar fort, so wie gewisse Pflanzen sich durch ihr Wurzelgespinst unter der Erde verbreiten; für einen jeden Trieb, der abstirbt, keimt ein neuer, von dem wir nicht wissen. Aber es sollte doch ein jeder, der diesem Reich angehört, ihm einen Nachfahren schenken. Das war es, was ich Ihnen sagen wollte. Vielleicht verstehen Sie mich schon jetzt: vielleicht werden Sie mich später oder auch nie verstehen. Sie brauchen nicht zu antworten. Auf ein Stück Wahrheit läßt sich nichts erwidern. Es wirkt – oder es wirkt nicht. Das ist nicht in unserer Hand; wir sollen es nur bezeugen.»

Er war aufgestanden und wollte die Stufen hinuntergehen; nun erst sah er in das bleiche, furchtbar erregte Gesicht des Jünglings. «Sie glauben, daß das Entsetzliche wirklich kommt, das Sie ahnen?» fragte dieser. – «Niemand weiß es mit Sicherheit, niemand weiß die Stunde; aber das müssen Sie doch fühlen, daß das Falsche sich der Menschen bemächtigt hat und daß auch die Kirche ihm nicht standhält. Die Herausforderung geschieht einen jeden Tag, und der Herr wird antworten. Wehe uns, wenn dann nicht eine einzige Münze im Opferkasten liegt! Es ist so einfach: der Herr will immer ein Leben, ein ganzes Leben.» Der junge Edelmann schien ihn noch immer nicht zu verstehen; vielleicht wehrte er sich auch gegen den Sinn dieser Worte. «Aber was soll ich denn tun?» fragte er angstvoll. Der Bettler hatte sich an die Wand gelehnt; er sprach mit großer Mühe, kaum vernehmlich, ohne aufzublicken: «Gehen Sie mitten hinein! Retten werden Sie nichts. Denn der Herr rettet, nicht die Menschen. Werden Sie zum Zeugen, mitten im Feuer! Aber Sie müssen wissen, wofür Sie einstehen sollen.» Nun stieg er die Stufen hinab; er ging langsam über den Platz und in eine der Gassen hinein, die in die dunkle Stadt führten. Noch einmal erschien seine Gestalt hell und schattenhaft an der Biegung, in der Lichtbahn eines Fensters; der Tritt seiner bloßen Füße war nicht hörbar. Der Jüngling setzte sich wieder an die Stelle, wo er neben dem Bettler gesessen hatte; er blickte sich um und lauschte, als erwarte er irgendein Geschehen. Er sah zu den Häusern hinauf, deren geschwungene Dächer sich gleichmütig von dem heraufkommenden Mondlicht bescheinen ließen. Als er die Glocken schlagen hörte, begann er zu schluchzen. Er weinte sehr lange. Dann stand er auf und ging festen Schrittes über den Platz, der nun im vollen Licht des Mondes lag.

Wenige Wochen darauf kehrten der Abbé und der junge Edelmann von einer kurzen Reise aus Neapel zurück. Das Verhältnis zwischen den beiden hatte sich verändert; der Jüngere suchte das Gespräch auf Gegenstände zu lenken, die mehr zur Betrachtung als zur Bewertung veranlaßten; er fühlte wohl, daß der Gegensatz, der zwischen ihnen offenbar geworden war, alle Beziehungen des Lebens und des Geistes einforderte; aber er fühlte auch, daß er sich nicht austragen ließ. Aus Briefen, die der Abbé von seinen in Paris lebenden Freunden erhalten hatte, konnte auf eine unmittelbar bevorstehende, unabsehbare Veränderung aller Verhältnisse geschlossen werden; den Erwartungen, die der Ältere daran knüpfte, setzte sein Begleiter völliges Schweigen entgegen. Niemals erwähnte er das Gespräch, das er mit Benedikt Labre vor San Ignacio geführt hatte. Nur einmal flackerte die Feindschaft ihrer Überzeugungen auf, die sie bis in die Herzwurzeln voneinander schied. «Es wäre unbillig», meinte der Abbé in einer großmütigen Regung, als der Anblick einer erhabenen Landschaft sie einander wieder näherbrachte, «wenn ich mir den Ruhm eines tapferen Streiters beimessen wollte, während die Sache, an die ich glaube, von der Zeit geführt wird und in Wahrheit schon gesiegt hat.» Der Jüngere sah in die Weite hinaus, in der die Ewige Stadt wohl geahnt werden konnte, aber nicht sichtbar war: «Auch darin kann ich Ihnen nicht recht geben», sagte er leise; «vielleicht ist in der äußersten Ferne das schon besiegt, was nun siegen wird.»

So konnte der Entschluß des Jüngeren, früher als zuvor beabsichtigt und auf dem kürzesten Wege nach

Frankreich zurückzureisen, nicht überraschen. An einem der letzten Tage kehrten sie von einer der außerhalb liegenden Villen, wo sie eine reine Morgenstunde genossen hatten, in die innere Stadt zurück. Es war ein gewittriger Frühjahrstag; ein Wetter, das sich lange über der Campagna hingezogen hatte, überschattete plötzlich die Stadt, während ein paar vorgeschobene Häuserzeilen grell aufleuchteten. So wählten sie den kürzesten Weg durch ein ärmliches Viertel, das sie bisher nie betreten hatten. Sie wollten eben über einen kleinen Platz und an einer Kirche vorübereilen, deren dürftige Formen von der Zeit hart beschädigt waren, als sie auf Menschen aufmerksam wurden, die auf der Treppe zusammenliefen. Einige beugten sich auf die Stufen nieder, und nun eilte ein Handwerksmeister herbei und zerteilte die Gruppe; für einige Augenblicke war ein Liegender zu erkennen, dessen bleiches, von einem schmalen Bart umzogenes Gesicht von tiefem Frieden leuchtete. Man möge den Kranken in sein Haus tragen, rief der Handwerksmeister; es sei eine Gnade, einen Heiligen aufzunehmen. «Ein Heiliger!» riefen einige Frauen, indem sie auf den Stufen niederknieten; das Wort pflanzte sich von Mund zu Munde fort, Männer hoben den leichten, halbnackten Körper auf ein Tuch und trugen ihn dem Handwerksmeister nach; in den stützenden Händen der Frauen wurde das Haupt sichtbar, von dessen eingesunkenen Lidern das Licht zu fluten schien, während der geschlossene Mund kaum merklich lächelte. Rasch hatte sich die Straße mit Menschen gefüllt; sie knieten nieder, sobald der Zug sich ihnen näherte. Als die Träger an dem Edelmann und dem Abbé vorüberkamen, fiel der Jüngere auf die Knie, während der Abbé, starr aufgerichtet, zuckende Erregung im Gesicht, stehenblieb.

Der Jüngere erhob sich, indessen der Zug am Ende der Straße entschwand: «Wir werden uns trennen müssen; ich will noch heute reisen; denn mein Leben verändert sich von diesem Tag an. Zürnen Sie mir, bitte, nicht! Ich glaube nun auch, daß das geschehen wird, was Sie erwarten. Ich halte es für ein großes Verhängnis, Sie halten es für ein Glück. Werden Sie dann nach Frankreich kommen?» – «Ich werde kommen. Ich warte darauf, wie Sie wissen. Aber es gab Tage, da ich hoffte, in Ihnen einen Gefährten zu finden.» – «Glauben Sie nicht, daß ich kämpfen werde, wie Sie kämpfen wollen! Der Weg, auf den es mich zieht, führt in das Verborgene; und niemand weiß, ob das Verborgene einmal sichtbar wird. Wir leben alle von seinen Gnaden, aber wir spüren es nicht. In diesem Augenblick, der eben vorüberging, ist es sichtbar gewesen.» – «Das Verborgene?» fragte der Abbé. «Ja. Ich spreche vielleicht, wie es mir nicht zukommt. Denken Sie nicht, daß ich Ihr Kleid und Ihre Jahre nicht ehre! Aber in diesen Tagen sind alle Wünsche meines Herzens auf einen einzigen Hieb durchschnitten worden. Eine so völlige Vertilgung persönlicher Hoffnungen haben Sie vielleicht doch nicht erfahren. Ich klage nicht; nun erst ahne ich meine Aufgabe und die Möglichkeit eines überpersönlichen Lebens.»

Über ihnen stießen die Wolken krachend zusammen; der Sturm jagte die Straße herauf und fegte sie leer. «Sehen Sie denn nicht, daß das alles vergangen ist, woran Sie glauben?» fragte der Abbé in äußerster Erregung. «Sie selbst beweisen, daß es nicht vergangen ist. Es ist wirksam in Ihrem Leben. Sie haben mich in die Kirche geführt, wo der Bettler kniete. Sie gehören in seinen Lebenskreis. Er ringt um Sie; er wird Ihnen begegnen, wenn Sie nach Frankreich kommen. Jetzt ist es zu früh. Wir überspringen die Zeit nicht. Aber dann, wenn viele Jahre vergangen, viele Dinge geschehen sein werden, in einer Ferne, die unsere Gedanken noch nicht durchdringen können, dann, wenn so viele Hoffnungen, so viele Bilder überwunden sein werden, die heute noch unüberwindlich sind und die Menschen beherrschen, dann – ich bitte Sie, ich flehe Sie an! – verschließen Sie sich dem Bettler nicht!» Tränen stürzten aus seinen Augen; er beugte sich über die Hand des Abbés und küßte sie, dann eilte er unter dem niederbrausenden Regen und den immer rascher fallenden Donnerschlägen die Straße hinab.

Der Vorübergang

Am frühen Morgen des 20. Juli 44 fuhr ich nach Colmar. Es war sehr klar. Vom Schwarzwald wehte noch mit der östlichen Luft der Atem der Ställe und der Tannen, den ich so liebe. Zwischen dem Kaiserstuhl und den Vogesen, über den schon abgeernteten Feldern hob sich zögernd der Glutball des Gestirns. Im Fahren durch den Sundgau kamen mir die ersten Verse des Sonetts «Der Erntetag».

Schon sind die Felder weiß und dunkel glüht
Die Sonne, da sie zaudernd sich erhebt ...

Vom Lande ging eine unheimliche Stimmung aus; es war wie ein Erwachen, Aufbegehren. Wir saßen auf Rossés Terrasse. Aufs neue waren von den gefürchtetsten Stellen Telegramme wegen meiner Schriften eingelaufen. Wir einigten uns darin, daß Rossé die verlegerischen Angelegenheiten vertreten, aber auf den Inhalt nicht eingehen sollte; dessen Verteidigung wollte ich selbst übernehmen. Die Sonette waren in die Feldzeitungen übergegangen. Eines Tages war bei mir ein Wehrpfarrer erschienen: er hatte auf eigene Faust eine größere Sammlung von Sonetten und Aufsätzen in Krakau setzen lassen, dann aber Bedenken bekommen; wir flehten ihn inständig an, den Band herauszuwerfen. Er las die ganze Nacht Korrektur – ebenso schlecht wie ich –, fuhr andern Tags nach Krakau zurück und brachte noch 20 000 Stück heraus, deren viele die absonderlichsten Schicksale haben sollten. Fataler noch war, daß mir Verse untergeschoben wurden, die die von mir gehaltene Grenze überschritten. Ich mußte die Katastrophe Hitlers wünschen, aber ich konnte nicht beten um die Niederlage.

Es war uns klar, daß die Lage unhaltbar wurde. Als ich in Straßburg las oder sprach – ich versuchte das meist ohne Manuskript zu tun, damit mir keines abverlangt werden konnte – saß Rossé vor mir, den Kopf in die Hände vergraben; wir hatten die Drucklegung abgemacht: nun erhob sich selbst unter Freunden heftiger Widerspruch. Nachts, am Münsterturm vorbeigehend, gelobten wir uns, bei unserm Vorsatz zu bleiben. [Ein erheiternder Trost war es übrigens gewesen, daß ein mit hohen Orden geschmückter Offizier in der vordersten Reihe samt seinen Kameraden in tiefen Schlaf versunken war.]

Nun aber, am Morgen des 20. Juli, fühlten wir uns an der Grenze. Wie sollten wir fortfahren? Aber ebensowenig konnten wir in dieser entsetzlichen Stunde die Menschen verlassen, die unsere Arbeit erwarteten. Die Zeitung kam mit einem Heeresbericht, in dem sich die Katastrophe zum erstenmal unverhüllt zeigte. Aus Frankreich herüberfliegende Gerüchte wußten weit mehr. Ein nachmittags nach Dresden angemeldetes Gespräch kam während mehrerer Stunden nicht durch. Es schien eine beispiellose Verwirrung in den Ämtern zu herrschen. Auf dem Heimweg in Freiburg dröhnte das Radio aus einem Fenster von dem mißlungenen Attentat.

Einmal noch kam Rossé nach Freiburg. Ich glaube, es war am 25. August, dem Tage des hl. Ludwig, da Paris geräumt wurde. Er trank seinen heißen Kaffee; Wein wollte er niemals, aber er vergaß nie, Reichenweirer und Clevener und zwei Flaschen Armagnac mitzubringen. Auf die Totalität und Schnelligkeit des zu erwartenden Zusammenbruchs war er nicht ganz vorbereitet. Als er den Gartenweg hinunterlief, rief er noch einmal: «Beten Sie für mich!» Das war das letzte Wort. Ein Bote brachte noch einen Abschiedsbrief. Das muß schon um die Zeit jenes Novemberabends gewesen sein, da ich, wie allabendlich, mit dem Arzt von der Behandlung im Krankenhaus in meine Wohnung zurückkehrte. Es war mild: hinter einem breiten, milchigen Wolkenschirm verteilte sich das Mondlicht. Mein Briefträger, ein eifriger Schwarzhörer, hatte berichtet, daß die Franzosen dicht vor Colmar ständen. Auch sollten sie bei Hüningen durchgebrochen sein. Kurz nach acht erfolgte der gewohnte Alarm: die Angriffe galten, wie ich glaubte, einem um diese Zeit ausfahrenden Zug. Nun lärmte die im Gartenhause wohnende junge Frau heftig an der Haustür – was sie sonst bei Alarmen nicht tat –: der Himmel sehe schrecklich aus. Sie jagte in den Keller. Ich konnte mit verschwollenen Füßen nur langsam gehen und kehrte noch einmal in die Wohnung zurück. Der Keller hatte das Gute, daß er den Schall dämpfte: im übrigen lag er auf dem abschüssigen Gelände wohl unter dem Garten, aber über der Straße. So habe ich nur das Dröhnen und Schüttern erfahren. Wir konnten nicht begreifen, daß nicht entwarnt wurde. Endlich klopften Nachbarn ans Fenster. Langsam begriffen wir: Gas, Licht, Wasser blieben aus. Wo die Stadt lag, erhob sich eine Feuerwand. Der Himmel war Rauch. Während der ganzen Nacht wälzten sich die Menschenscharen mit letzter Habe die Straße hinauf in den Bunker oder weiter in den Wald. Am Morgen war es ganz still, Nebel und Rauch erfüllten den Garten. Auf dem Rasen vor der Haustür lagen angebrannte Papiere aus irgend einem Archiv. Dann kamen Freunde, Bekannte, wild aufgewühlt, wie ekstatisch vom Gang durch die gemordete Stadt. Mein Briefträger war, als er aus dem Kellerfenster sich herauszwängen wollte, verbrannt.

Das Ende war da und vollzog sich doch mit einer grausamen Langsamkeit. Höfler, Guttenberg waren im Gefängnis. Ein einigermaßen verdächtiger Bote berichtete: Rossé sollte vor dem Abzug von sechs Geheimpolizisten verhaftet werden, habe es aber fertig gebracht, aus dem Fenster zu springen. Wahrscheinlich sei er der Front entgegengelaufen. Ich fand im Krankenhaus Aufnahme; die Menschengemeinschaft hatte etwas unsäglich Tröstliches. Mit nie versagender Disziplin, geeint im Gebet und Opfer, übten die Schwestern die Pflege, bereiteten sie unter immerwährenden Alarmen das Essen, von dem wir freilich vier-, fünfmal aufstehen mußten, wenn wir es nicht vorzogen, im Keller zu essen. Die Jabos schwirrten wie die Mücken von Mülhausen herüber und übten sich ein: sie zielten gut und trafen fast immer schlecht. Über uns war die Befehlsstation der Abwehr, vor uns der Ausgang des Bergtunnels; jeden Morgen versuchte ein darin gefangener Zug herauszukriechen. Sobald der Dampf aufstieg, schwirrte und krachte es, und der Zug fauchte zurück. Tagsüber diente er den gehfähigen Patienten zur Unterkunft: sie packten früh das Essen in die Handkoffer, zogen hinüber und brauchten sich nicht um Sirenen und Motore zu kümmern. Um diese Geräusche schrumpfte das Leben ein. Regen und Sturm taten uns wohl. Nach Weihnachten – die Schwestern hatten noch ein Tannenbäumchen für jedes Zimmer, und bei dem milden Wetter setzten sich die Meisen auf die Zweige – wurde es klar. Nun strömte der Tod ins Land. Tags waren es Züge silberner Fische, nachts todesschwere, über den Wald hinfächernde Schwingen. Unser Dasein bewegte sich nur noch um ihr Gehen und Kommen. Im Keller waren die jungen Mütter und die Säuglinge, deren kreatürliche Freude und Schmerzen von der Gefahr nicht gestört wurden. Die Schwestern badeten, wickelten sie; es war ein Lachen mitten im Grauen. Das Haus bestand aus zusammengebauten Villen und war leicht gefügt. Über den zusammengedrängten Menschen im Kellergang zogen sich die Leitungsrohre hin. Der einzige Halt war das Allerheiligste im Pfeiler des Kellerraumes. Ich habe erfahren, daß es Macht ist: nicht Rettung oder Sicherheit, aber Macht. Wer noch ein Haus, eine Wohnung hatte, verfolgte vom Fenster des hochgelegenen Baus den allstündlichen Einschlag der Bomben. Fesselballone, wie ungetüme Fische, standen über dem Waldtal und gaben der Landschaft ein phantastisch-unterseeisches Gepräge. Ich genoß eine gewisse Freiheit. Wenn es nicht ganz ernst schien, stand ich an der Pforte. Eines Mittags eilte der Chirurg, ein Militärarzt, der sich nie darum kümmerte, an mir vorbei. «Gehen Sie sofort in den Keller!» Ich gehorchte. Eben trugen die Hilfsschwestern kleine zitternde Schokoladenpuddings vorbei; ich sah über eine Schulter die Schlagzeile einer Zeitung: sie berichtete von den Kämpfen in Ostpreußen. Dann ging die Oberin vorüber und flüsterte: «Tiefflieger». Gleich darauf, ohne Dröhnen, wie von einer ungeheuern Hand zusammengedrückt, verschob sich das Haus; Schreie; Kalkwolken; ein Mann, der beim Essen saß, wurde von einem Pfeiler erschlagen. Die Röhren voll heißen Wassers bogen sich wie Drähte: sie barsten nicht. Die Bombe hatte die Treppe an der Pforte getroffen.

Ein evangelischer Geistlicher – sein Vater hatte meinem Vater die Rede am Sarge gehalten – beherbergte mich im benachbarten Haus. Ich nahm an seinen Gottesdiensten teil. Das Haus war überfüllt. Wenn der Pfarrer samstags die Predigt ausarbeitete, schloß er sich im Badezimmer ein und ließ sich von keiner Sirene vertreiben. In einer Bombennacht entdeckte er unter meinem Divan die letzte Tüte Nüsse und eine Flasche flockigen Kartoffelschnaps. Ich weiß nicht, wer diese Gaben versteckt hat. Wir waren sehr glücklich darüber. Wenn die Angst sich melden wollte, tanzte er mit der alten Oberschwester einen Galopp. Hier starb das Faktotum des Krankenhauses, der Bauer vom Titisee; er konnte es nicht verwinden, vielleicht Gott nicht verzeihen, daß das Krankenhaus getroffen worden war.

Der wohlbekannte Gestapomann stand in der Tür: wegen des Krakauer Bandes hatte Bormann eine Klage eingereicht. Aber in den nächsten Tagen mußte ein operativer Eingriff vorgenommen werden; die Straße war aufgerissen, an einen Transport kaum mehr zu denken. Es hatte etwas grotesk Erheiterndes, wehrlos vor der Front im Bett zu liegen. Ich lebte in einem leidenschaftlichen Gespräch mit unserem Volke, rechtend, erbittert und wieder erschüttert von seinem namenlosen gegenwärtigen, künftigen Leid. Über uns war die Todesfracht für Dresden hinweggeschwommen; die Frauen Gefangener schrieben mir; Rossé war in die Hände der Amerikaner geraten und von diesen den Franzosen ausgeliefert worden. Ich fühlte – einmal und für immer –, daß es Abend war und deutsche Geschichte nie mehr sein wird, was sie gewesen ist. Geschichte wird fortdauern, gewiß, bis zu der von Gott gesetzten Stunde der Generalkatastrophe irdischen Seins; aber deutsche Geschichte im Sinne der geübten Verantwortung – des Reiches, wenn man seinen Namen noch aussprechen darf – wird nicht mehr aufkommen, es sei denn in letzter episodischer Verzerrung, die nur zum Verhängnis werden kann. Ich weiß nicht, was kommt; ich weiß nur, daß ein Ende da ist. Denn die Herrschaft der zwölf Jahre kam nicht von ungefähr, sondern aus einer deutscher Geschichte wesenseigenen Möglichkeit – sonst hätte sie schwerlich die unbestreitbare Zustimmung gefunden. Vom deutschen Volke trennt mich nichts, im Diesseits und Jenseits nicht, gleichgültig, welche Behandlung ich von ihm erfahre, und wie schwer es auch sein mag, echte Volkheit in der Gegenwart zu erkennen, von der Masse zu scheiden. Es bleibt die Verantwortung für das Ganze, für die geschichtlich gewesene Gestalt. Aber es ist gegen meine Bestimmung, einen Trost auszusprechen, wo keiner ist. Es ist und bleibt Schuld – und nicht Notwendigkeit –, daß jene Möglichkeit vollzogen wurde. Aber sie war da. Und sie ist ein Element nicht nur deutscher, sondern aller Geschichte. Es kann immer wieder geschehen, was unter Marius und Sulla geschehen ist, freilich auf der Fallhöhe der Zeit; die Energie der sittlichen Lage ist nicht mehr groß; die Macht muß um so unmenschlicher werden, je weniger der Mensch noch Mensch ist.

Der Frühling, der von den Bergen wehte, hatte etwas Erschütterndes: es war wie eine Tröstung. Dann, an einem schwülgewittrigen Aprilnachmittag – die alte, mit einem Schlafrock bekleidete Dame im Hause gegenüber begoß wie immer sorgfältig ihre Pflanzen im Wintergarten – orgelten die Sirenen, ohne aufzuhören; es war wie der Todesschrei eines verwundeten Löwen. Die unsinnigsten Gerüchte überstürzten sich, halb geglaubt, halb verworfen. Im Keller vor dem Allerheiligsten kniete der Geistliche: wir müßten in diesem Augenblick ein Gelübde ablegen, ein ganz bestimmtes, das gebieten solle über das ganze etwa noch zu erhoffende oder auferlegte Leben. Das war Schmelze, Umgestaltung, nicht der äußere Vorgang, die Besetzung, nur der innere wiegt.

Friede? Die französischen Feldküchen dampften auf dem mit Kastanien bestandenen Platz vor dem Hause; darüber leuchteten die ersten Blüten durch den Abend. Im Siegeslärm der fremden Sender sangen deutsche Gefangene, die in der Feldküche dienten, Volkslieder: die unerträglich-unwiderstehlichen Melodien. Es war der 8. Mai, der Tag, an dem im Jahre 495 der Erzengel Michael, Engel der Deutschen und der Toten, auf dem Monte Gargano erschienen war. Der Schutzherr, der Schlachtenengel der Kaiser, der Bannerherr, der die Seelen über die schreckliche Brücke geleitet, war da als die lebendige Antwort auf Tat und Schickung. Er spricht nicht die Frage: Wer ist wie Gott? Er ist sie selbst, wie Christus die Wahrheit ist – und diese Frage zermalmt einen jeden Anspruch, wie Gott zu sein. Aber Michael stritt auch mit dem Satan um den Leichnam des Moses, ohne Satan zu lästern [Judas 9]. Denn Gott gebietet dem Satan. Und es war wie im Gesicht des Nikolaus von Flüe:

Die Wahrheit war da, und die Menschen bresthaften Herzens kehrten sich ab.

Ich schämte mich, auf die Straße zu gehen. Von einem verrufenen Haus war die Fassade, vom Unrat des Grabes der übertünchte Stein gerissen. Wir erlebten, was wir geglaubt. Wer Sturm sät, kann nicht Wind ernten. Wenn aber Frauen und Kinder eines Volkes geschändet werden, die Amsel schutzlos ist im Garten, die Forelle im Bach, die Tanne im Wald; wenn es zerteilt wird wie ein Leichnam; wenn die Tafeln seiner Werte von eigener und fremder Hand besudelt sind; so ist wenigstens für die betroffene Generation Endgültiges geschehen. Das Wort «Nation» ist für mich jeden Sinnes bar: eine deutsche Fahne sagt mir nichts. Nur die der badischen Heimat war mir noch ehrwürdig, in der hellen Glut ihrer Farben Ausdruck der Landschaft und ihres unterirdischen Feuers; sie wurde im Dienste untergeordneter Interessen schmählich niedergeholt.

Als die Mauer gefallen war, wurde die Geschichte transparent. Jerusalem erschien über den Ruinen. Unter dem Gewichte maßlosen Leides legte Juda Zeugnis ab. Denn es erwies sich als duldend bewegende Mitte, als unvernichtbar: als brennendes Ärgernis, mit dem Kreuze beladen wider sein Bekenntnis und seinen Willen, und sogar wider sein Gesetz, nach dem geoffenbarten Plan. Unwidersprechlich zeigte sich die Ewigkeit des Bundes. Denn in Hinsicht des Evangeliums sind sie Feinde um unseretwillen, in Hinsicht der Auserwählung Lieblinge um der Väter willen [Römer 11,28]. An dem «um unsertwillen» liegt alles. Geschichte und Heil «müssen» sich daran entscheiden, daß dieses «um unsertwillen» verstanden wird: daß wir die «Blindheit», von der der Apostel spricht, als *Opfer* Israels verstehn; die «Sünde» Israels als die Bedingung unseres Heils. Die ganze Tragödie bewegte sich darum, daß eine religiöse Feindschaft politischer Inhalt wurde, wie ein Feuer ins Machtpolitische durchbrach; daß die ideenlose Macht sie zur Idee proklamierte; daß die Deutschen ihren Engel, der den Leichnam des Moses dem Satan entreißen wollte, verleugneten.

Der Engel war da; er fragte; er schien zu verweilen. «Aber die Finsternis hat es nicht begriffen.» [Joh. 1,5.] Zerbrochen an der Versuchung durch die Macht, verfielen wir der Versuchung der Not. Die Reiche der Welt und ihre Herrlichkeit waren zerstäubt. Wen hätte der Gedanke nicht angefochten, dem Volke Brot aus Steinen zu erwecken? Aber die Steine waren Gnade: nach einer kastilischen Legende sind die vor Avila ausgesäten Steine die Tränen des Herrn. Wir hätten diese Tränen tragen, verehren müssen. Vielleicht hätten sie uns die einzige noch erreichbare Würde geschenkt.

Das erscheint als übermenschliche Forderung. Es war vielleicht doch *der* Weg, der schreckliche [Weg] Jesu Christi. Und es ist gewiß nicht allein eigene Schuld, aber doch eigenste Verantwortung, daß wir ihn nicht gegangen sind. Es ist zugleich die Frage der Verantwortung für die Welt, die der Verwandelten, eines verwandelten Volkes bedarf. Wohin der Weg geführt hätte, ist eine Frage an die Gnade: und eben eine solche Frage ist der ganze Inhalt der Geschichte, Inhalt und Auftrag. Wenn unser Herz uns anklagt, wird Gott sich größer erweisen als unser Herz. [1. Joh. 3,19.] Wenn jenes nicht geschieht, wird sich auch dies nicht ereignen. Es geht mir nicht darum, zu verstehen, warum die Steine nicht gewählt wurden. Zu verstehen ist alles, und die Argumente der Not sind fast erdrückend, die Verfehlungen und Mißverständnisse der Herrschenden offenbar: es geht um die absolute Sittlichkeit, den absoluten Glauben.

Aber es gilt die ungeheure Hoffnung des Apostels für Israel. «Denn Gott hat alles unter dem Unglauben verschlossen, damit er sich aller erbarme.» [Römer 11,32.] Alles und Aller: das ist das Göttliche. Der Engel stand in den Trümmern, dicht vor uns. Wir waren nicht gegürtet und beschuht. Er fragte; er ging. Am Verhältnis zur

Schuld hat sich die Stunde entschieden. Es gibt in dieser Frage keine entlastende Autorität, weder eine geistliche noch eine weltliche. Die Antwort ist übertragen dem «verborgenen Herzensmenschen», den Petrus anrief, dem Christen unter dem Gesetz der Freiheit. Nicht die Tat, sondern die Gedankenschuld ist in allen Bezirken christlichen und das heißt geschichtlichen Lebens entscheidend. Gerade diese Wahrheit hat Christus gebracht. «Denn von innen, aus dem Herzen der Menschen, kommen böse Gedanken.» [Markus 7,21.]

Das Wort «Friede» hatte etwas Betäubendes, dem ich mich überließ. Aber mein Leben führt von Konflikt zu Konflikt. Ich werde immer das tun, was nicht erwartet wird. Wenn überhaupt ein Auftrag besteht, so kann sich ein Einverständnis mit der herrschenden Tendenz niemals einstellen. Wozu ein Auftrag, wenn das, was herrscht, nicht bestritten werden soll? Der meine ist die unerwünschte Forderung. Mein inniger Wunsch ist, der Kirche zu dienen; aber ich kann ihre geschichtliche Stellung nicht verstehen, wie hohe Vertreter ihn verstehen möchten. Als Katholik komme ich nicht über das Konkordat hinweg. Als Katholik sehe ich mich nicht imstande, die Schuld zu leugnen. Wir hätten, im Sinne Martin Luthers, ganz vernichtet sein müssen, wenn wir gerettet werden sollten. Ich versuchte, an der sittlichen Bewältigung des Geschehenen mitzuhelfen, denen wieder zum Verdruß, die sich berufen fühlen, die Einhaltung literarischer Kategorien zu beaufsichtigen. Endlich begriff ich, daß die meisten Verständnisse Mißverständnisse waren. Wenn überhaupt eine Art von Entfaltung, von geistiger Geschichte sich in einem Menschen begibt, so bewegt sie sich in der Linie einer Spirale. Mein ganzes Bestreben war, ein paar Worte zu finden, die den Menschen helfen könnten, das Unabweisbare zu tragen. Aber nun näherte ich mich wieder, vereinsamend, der Landschaft meiner Jugend: einem Felsental, dessen Ausweg ich nicht sehe, dem «dunkeln Ort», in dem ein unlösbarer Schmerz begraben ist. Dieser Schmerz ist nicht Schickung oder Folge, sondern Wesen.

Lange schlief ich,
Lange schlummerte ich,
Lang ist des Lebens Leid.

Das äußere ist nur Form der Verwirklichung. Ich hatte mitten im Kriege das Gelöbnis abgelegt, daß ich nicht töten werde. Ich bin gebunden an mein Wort. Aber es ist kaum eine härtere Herausforderung an die Geschichtswelt denkbar. Es ist durchaus möglich, daß sie diese in einer bestimmten Episode beifällig aufnimmt. Das ändert nichts daran, daß sie sie vom Ursprung an haßt. Fast könnte ich die Pazifisten beneiden um die Meinung, daß es möglich sei, die Kriege aufzuheben, den Blutstrom der Erde zu stillen. Aber ich weiß, daß Krieg und Kriegsgeschrei immer greller werden und daß am Ende die Elemente vor Hitze zerschmelzen und die Erde samt den Werken auf ihr verbrennen werden. [2. Petrus 3,10.] Vor dieser Wirklichkeit, die unabänderlich ist und immer da, soll nach meiner Überzeugung der Christ den Frieden *tun*. Ich beneide die Pazifisten nicht. Ich achte ihren Mut, ihre Zuversicht, ihren Glauben an den Menschen und die Vernunft. Aber ich glaube einzig und allein an Jesus Christus und die Welt, die er uns geoffenbart hat, die zugleich verdammte und gerettete Welt. Ich glaube an seine ungehörten, vorübergegangenen Boten.

BRUNNEN
Carsten Peter Thiede · Urs Stingelin
Die Wurzeln des Antisemitismus
Judenfeindschaft in der Antike, im frühen Christentum und im Koran